Introduction

French B Grammar and Skills Workbook Second Edition is a companion to *French B for the IB Diploma* Second Edition (Hodder Education, 2018). It is intended for all students studying French Language B, but it can also be an independent source of practice for anyone interested in improving their command of French grammar and learning to write in a variety of styles.

This workbook is divided into two sections.

Section A: Grammaire (Grammar)

This section provides essential grammar practice for all students studying at *ab initio*, Standard and Higher Level. Grammar points are cross-referenced to *French B for the IB Diploma* Second Edition.

Each grammar topic begins with a sample monologue or dialogue featuring the grammar item(s) in context. It is advisable that you read this carefully and that you try to locate the examples of the grammar and reflect upon its usage.

There are explanation boxes to remind you of the features and the different uses of each grammar point.

After reading the grammar boxes, you can either complete the exercises for your level or adopt one of the following approaches:

- If you are an *ab initio* student but are keen to progress further, you can attempt the *Niveau Moyen* exercises once you have completed those for your level.

- If you are a *Niveau Moyen* student, you can revise the basics of the grammar item(s) by completing first the *ab initio* exercises and then tackling those for your level. If you are confident in your grasp of a grammar item you could also attempt the *Niveau Supérieur* exercise.

- If you are a *Niveau Supérieur* student, you could find it useful to revise the basics and the more common uses of the grammar item by completing the *ab initio* and *Niveau Moyen* exercises before attempting those for *Niveau Supérieur*.

Section B: Techniques de rédaction (Skills)

This section covers the skills and strategies needed to understand different text types and to write in different styles. It includes examples of 11 main text types as listed in the IB specification.

Each unit includes:

- a reading text linked to IB themes and topics

- marginal notes highlighting important features of the text

- a box with notes on the grammar points found in the extract (cross-referenced to *French B for the IB Diploma* Second Edition and Section A of this workbook, where further explanations and exercises can be found)

- a *Bien écrire!* box containing an analysis of the writing skills used in the extract and advice on how to imitate them

- an activity which will enable you to practise the relevant style of writing for the IB Diploma

Corrigés (Answers)

Answers can be found at **www.hoddereducation.com/ibextras**

1 Les articles définis et indéfinis

Voir *French B for the IB Diploma* Second Edition: Grammaire, page 353

L'histoire de la France est remplie de révolutions et d'insurrections surtout depuis le 18e siècle. Certaines ont été plus violentes et sanglantes que d'autres mais elles ont forgé ce qu'est le pays aujourd'hui; tantôt pacifique, tantôt révolté.

«Avec des chants, des larmes, des rires, des querelles d'ivrognes, des adieux déchirants, ils s'étaient embarqués.»

Roland Dorgelès, *Les Croix de bois*, 1919

- L'article **défini** détermine un nom **précis** désignant une personne ou une chose connue: *Viens à la maison*, ou que la suite de la phrase va préciser: *Le père de Thomas*.
- L'article **indéfini** détermine un nom désignant une personne ou une chose **qui n'est pas précisée** ou dont on parle pour la première fois: *J'aperçois une maison*, qui **ne se distingue pas** des autres: *Prête-moi un disque*, dont la **quantité** n'est pas précisée: *J'ai acheté des timbres*.

Rappel: *l'* est utilisé à la place de *le* ou *la* devant un nom qui commence par une voyelle: *l'arbre* (m), *l'école* (f).

1 Utilisez des articles définis (*le*, *la*, *les*, *l'*) ou indéfinis (*un*, *une*, *des*) dans les trous.

Pendant _____ (1) vacances, j'adore aller chez _____ (2) amis de mes parents qui ont _____ (3) villa sur _____ (4) côte d'Azur. Comme il fait toujours beau dans _____ (5) région, ce que j'aime le plus, c'est aller à _____ (6) plage pour me faire bronzer. Je ne pense pas que j'aimerais séjourner dans _____ (7) région où le temps n'est pas assez beau. _____ (8) jour je voudrais passer mes vacances au bord de _____ (9) eau peut-être même sur _____ (10) bateau et faire _____ (11) croisière.

2 Complétez les phrases avec l'article défini qui convient (*le*, *la*, *l'*, *les* ou «–»).

1 _____ écoles unisexes sont peu nombreuses en France.

2 Deux langues sont enseignées en Belgique: _____ français et _____ flamand.

3 _____ filles ont, en moyenne, de meilleurs résultats aux examens que _____ garçons.

4 _____ mercredi nous avons _____ maths et _____ informatique.

5 _____ 33% des enseignants considèrent que _____ situation des femmes dans _____ éducation n'est pas satisfaisante.

FOR THE
IB DIPLOMA

SECOND EDITION

French B

GRAMMAR AND SKILLS WORKBOOK

Lauren Léchelle

HODDER
EDUCATION

SOMMAIRE

Section A: Grammaire

Section B: Techniques de rédaction

Key to icons used in this book

 Appropriate for students learning French grammar structures for the first time

 More challenging activities for *Niveau Moyen / Standard Level*

 Exercise for *Niveau Supérieur / Higher Level* which may be based on either a literary, journalistic or creative text

6 _____ chinois est une langue vraiment difficile, c'est pourquoi je préfère apprendre _____ anglais.

7 Avant-hier de nombreuses personnes ont protesté dans _____ rue contre _____ réformes sur l'éducation.

8 Peu d'étudiants pourraient accéder à _____ université si elle n'était pas aussi accessible.

9 Je n'apprécie pas _____ écoles privées parce qu'elles ne sont pas accessibles à tout _____ monde.

10 De nos jours _____ profs ne sont pas assez sévères: ils donnent peu de punitions et _____ devoirs sont vraiment faciles.

3 Complétez les phrases avec *au, aux, à la, du, de la, de l', des, les* ou «–».

NM

1 Nous irons _____ stade pour faire _____ athlétisme.

2 Quand nous aurons _____ argent, nous ferons un voyage _____ Sénégal.

3 Ils arriveront _____ Toulouse demain.

4 _____ filles adorent la musique _____ des années 80.

5 On est allé voir _____ film _____ réalisateur Cédric Klapisch.

6 Maman faisait souvent _____ soupe en hiver.

7 Le chien _____ voisins est féroce et m'a mordu deux fois.

8 J'ai déjà lu _____ roman de Maxime Chattam que tu m'as prêté la semaine dernière.

9 Pendant _____ guerre, _____ gens manquaient des objets les plus courants.

10 _____ Salon du livre ouvrira ses portes _____ semaine prochaine.

4 Les articles de ce texte ont été enlevés. Essayez de les retrouver.

NS

_____ (1) bonne haleine chaude nous accueille en entrant dans _____ (2) cuisine. _____ (3) table ronde, toute blanche sous _____ (4) lampe, semble nous attendre pour lire. Mes chaussons sont là, près _____ (5) poêle, _____ (6) gros chat roux couché dessus. On croirait rentrer chez soi, _____ (7) jour de pluie.
_____ (8) joues encore brûlantes de _____ (9) marche au vent vif _____ (10) champs, nous soufflons, tout heureux.

– On est mieux ici que dans _____ (11) tranchée, hein, gamins, nous dit _____ (12) mère Monpoix, qui tourne dans son saladier _____ (13) pâte crémeuse _____ (14) beignets.

C'est vrai, on est bien au moulin. Cela fait deux mois que nous y venons au repos: six jours en ligne, trois jours à _____ (15) ferme.

Roland Dorgelès, *Les Croix de bois*, 1919

2 Les noms

Voir French B for the IB Diploma Second Edition: Grammaire, page 353

Très bien les enfants, écoutez:
Un: le garçon est rentré chez lui en pleurant parce qu'un chien l'a mordu.
Deux: l'actrice possède une villa en Guadeloupe aux Antilles.
Trois: le «z» est une lettre très peu utilisée de l'alphabet français.

«La terre nous en apprend plus long sur nous que tous les livres. Parce qu'elle nous résiste.»

Antoine de Saint-Exupéry, *Terre des hommes*, 1939

- Tous les noms en français ont un genre: soit **féminin** soit **masculin**, ainsi qu'un nombre: **singulier** ou **pluriel**. En général il faut apprendre le genre en apprenant le nom.
- On peut savoir le genre de certains noms, selon leur terminaison. Attention, il y a quand même des exceptions!
- Attention, des noms comme *la police, le gouvernement* sont singuliers même s'ils indiquent beaucoup de personnes.

Masculins:
- Genre biologique: *un chat, un frère, un homme*, etc.
- Les saisons, les mois et les jours: *le jeudi, le printemps, un février*
- Les points cardinaux et les vents: *le nord, le sud, le blizzard, le sirocco*
- Les couleurs: *le vert, le rouge, le violet*
- Les montagnes: *le Mont Blanc*
- Les noms en –*eau*: *le pinceau, le seau, le rouleau*
- Les noms en –*age*: *le paysage, un entourage, le courage*
- Les noms en –*isme* (100%!): *le capitalisme, le fédéralisme*
- Les noms en –*tre*: *le feutre, le thermomètre*
- Les noms en –*in* et –*ain*: *le train, le pin*
- Les noms en –*oir*: *le miroir, le soir*
- Les noms en –*on*: *le patron*
- Les noms en –*ent*: *le vent, le document*
- Les langues: *le portugais, le chinois*
- Les mots d'origine anglaise: *le badminton, le poker*

Féminins:
- Genre biologique: *une chatte, une sœur, une femme*, etc.
- Les fêtes: *la Saint-Patrick, la Saint-Jean*
- Les pays qui finissent par un –*e* muet: *la Norvège, la France, la Suède*
- Les fleuves et les rivières: *la Loire, la Tamise*
- Les fruits, fleurs et légumes qui finissent par un –*e*: *la pomme, la tulipe, la carotte*
- Les noms qui finissent par –*ie*: *la géographie, la vie*
- Les noms qui finissent par –*eur*: *la noirceur, la lenteur*
- Les mots qui finissent par –*tion* (100%!): *la multiplication, la question*
- Les mots qui finissent par –*sion* et –*xion*: *la vision, la réflexion*
- Les mots qui finissent par –*aison* et –*ison*: *la comparaison, la prison*
- Les mots qui finissent par –*ance*, –*ence*, –*anse*, –*ense*: *la correspondance, la patience, la danse*
- Les mots qui finissent par une double consonne + un –*e* muet: *la consonne, la ville*
- Les mots qui finissent par –*ée*: *la journée, la soirée*

1 Triez les noms suivants selon leur genre. Il y en a cinq masculins et cinq féminins.

ab initio

désespoir   médicament   rose (*couleur*)   matinée   exposition
footballeur   vache   vin   biologie   espérance

Masculins	Féminins

Passez du masculin au féminin d'un nom
- Le féminin se forme généralement en ajoutant un –e muet au nom masculin: *un ami → une amie*.
- Quelquefois la modification demande un accent: *une fermier → une fermière*.
- On peut aussi obtenir des noms féminins en ajoutant un suffixe: *un héros → une héroïne*.
- Certains noms masculins sont munis d'un suffixe dont la forme féminine existe déjà: *un voleur → une voleuse (–eur → –euse), un acteur → une actrice (–teur → –trice)*.
- Si le nom masculin finit déjà par un –e muet, il ne faut pas en ajouter: *un dentiste*.
- L'opposition masculin–féminin est quelquefois marquée par des mots complètement différents: *un garçon → une fille, un cheval → une jument*.

2 Complétez le tableau en trouvant le nom qui manque: masculin, féminin ou pluriel.

NM

Masculin	Féminin	Pluriel
un écossais		
	une jeune femme	
	une mère	
		les étudiants
	une poésie	
		les tableaux

3 Retrouvez la place des noms qui ont été supprimés.

NS

avion   campagnes   chemin   courtisans   décors   instrument
machine   règne   routes   royaume   siècles   souveraine
sujets   visage   terre   figurants

L' _____ (1) est une _____ (2) sans doute,
mais quel _____ (3) d'analyse! Cet instrument nous a fait
découvrir le vrai _____ (4) de la _____ (5); les
_____ (6), en effet, durant des _____ (7), nous
ont trompés. Nous ressemblions à cette _____ (8) qui désira
visiter ses _____ (9) et connaître s'ils se réjouissaient de son
_____ (10). Ses _____ (11), afin de l'abuser,
dressèrent sur son _____ (12) quelques _____ (13)
et payèrent des _____ (14) pour y danser. Hors du mince fil
conducteur, elle n'entrevit rien de son _____ (15), et ne sut
point qu'au large des _____ (16) ceux qui mouraient de faim la
maudissaient.

Antoine de Saint-Exupéry, *Terre des hommes*, 1939

Corrigés (Answers): www.hoddereducation.com/IBextras

3 Les adjectifs

Voir French B for the IB Diploma Second Edition: Grammaire, page 354

«... un <u>petit</u> château en ruines, tapi dans un ravin, et dont on ne découvre les tourelles <u>ébréchées</u> qu'à environ cent pas de la herse <u>principale</u>.»

George Sand, *Mauprat*, 1837

- Un **adjectif** est un mot variable en genre et en nombre ajouté à un nom pour le décrire.
- La marque du féminin est généralement la lettre –*e*: *petit* ➜ *petite* / *vert* ➜ *verte*.
- Si l'adjectif a déjà un –*e* à sa forme masculine, on n'en ajoute pas.
- Pour les adjectifs qui se finissent par –*l*, –*en*, –*on*, –*s* ou –*et*, on double la consonne finale et on ajoute un –*e*: *douillet* ➜ *douillette*, *bon* ➜ *bonne*.
- Les adjectifs terminés par –*x* font leur féminin en –*se*: *heureux* ➜ *heureuse* (sauf *doux, faux, roux*: *douce, fausse, rousse*).
- Si l'adjectif finit par la consonne –*r* on ajoute un accent avant le –*e*: *cher* ➜ *chère*.
- Quelquefois aussi la consonne finale change de la forme masculine (un peu comme pour le féminin des noms): *fou* ➜ *folle*, *neuf* ➜ *neuve*, *beau* ➜ *belle*.
- Certains adjectifs au masculin change de forme devant des noms qui commencent par une voyelle: un **bel** arbre, un **fol** amour.
- La marque du pluriel est généralement la lettre –*s* (au masculin) et les lettres –*es* (au féminin).
- Les adjectifs en –*s* ou –*x* ne prennent pas de –*s* au pluriel.
- Les adjectifs *beau, nouveau, jumeau* ont un pluriel en –*x*.
- Les adjectifs en –*al* ont un pluriel en –*aux*: *local* ➜ *locaux*. (Attention: il y a des exceptions!)

1 **Réécrivez les expressions au pluriel.**

1 une grosse main _____

2 la cathédrale gothique _____

3 une fille ravissante _____

4 un pantalon gris _____

5 une bonne journée _____

6 l'enfant turbulent _____

7 un beau cheval _____

8 un hibou marron _____

9 un nouvel étudiant _____

Les formes des adjectifs de nationalité

Masculin singulier	Féminin singulier	Masculin pluriel	Féminin pluriel
espagnol	espagnol**e**	espagnol**s**	espagnol**es**
français	français**e**	français	français**es**
italien	italien**ne**	italien**s**	italien**nes**
belge	belge	belge**s**	belge**s**
grec	grec**que**	grec**s**	grec**ques**
américain	américain**e**	américain**s**	américain**es**

2 Écrivez les phrases suivantes au féminin.

NM Exemple: un père gentil → *une mère gentille*

1 un homme travailleur _____

2 un étudiant heureux _____

3 un chant écossais _____

4 un chien irlandais _____

5 un garçon suisse _____

6 un cheval andalou _____

7 un oncle pessimiste _____

8 un frère roux _____

9 un jeune homme turc _____

10 un acteur tunisien _____

3 Ajoutez aux noms suivants l'adjectif adéquat (pour l'un des adjectifs il faudra changer sa place).

NM

> féroces   drôle   grave   rapide   neuve   classique   policière   inhabité   vieux   douce

1 une blessure _____

2 un appartement _____

3 des chiens _____

4 une enquête _____

5 de la musique _____

6 une histoire _____

7 une voiture _____

8 un coureur _____

9 une peluche _____

10 un bâtiment _____

4 Réarrangez les mots pour faire des phrases (faites attention à la place des adjectifs).

NS

Exemple: cette / seul / fut / Patience / Le / de / une / dans / voisine / château / événement / l'installation / cabane / du / semaine / de

Le seul événement de cette semaine fut l'installation de Patience dans une cabane voisine du château.

---

1 égarés / regardai / le / Je / chevalier / des / avec / yeux

_____

_____

2 le / que / que / Ce / pas / faire / agréable / n'est / récit / riant / et / j'ai / vous / à / précisément / soit

_____

_____

3 crâne / porte / vieux / froid / amenait / un / Une / vent / qui / sur / son

_____

_____

4 dans / Les / une / obscurité / séculaires / roches / arbres / les / éparses / perpétuelle / et / l'ensevelissent

_____

_____

George Sand, extraits de *Mauprat*, 1837

9

4 Les adverbes

Voir *French B for the IB Diploma* Second Edition: Grammaire, page 355

«J'écrirai donc très <u>simplement</u> mes souvenirs, et s'ils sont en lambeaux par endroit, je n'aurai recours à aucune invention pour les rapiécer.»

André Gide, *La Porte étroite*, 1909

Les **adverbes** donnent des précisions sur les verbes, les adjectifs, les prépositions ou d'autres adverbes. Ils sont généralement placés **après** le verbe.
- Certains adverbes se forment à partir de la forme féminine de l'adjectif: *rapide* → *rapidement*.
- On peut aussi utiliser une phrase adverbiale telle que: *de manière* + adjectif: *de manière claire*.

Manière	Temps	Lieu	Quantité et degré
absolument	avant	dessous	à peine
bien	après	dessus	assez
ainsi	ensuite	en bas	presque
comme	aussitôt	dedans	trop
tout à coup	alors	à l'intérieur	beaucoup
lentement	dès lors	dehors	très
également	tôt	à l'extérieur	pas du tout
mauvais	tard	ici, là	peu
complètement	pendant que	là-bas	suffisamment
rapidement	tandis que	autour	autant, tant
sincèrement	récemment	en haut	tout, entièrement
régulièrement	encore	derrière, à l'arrière	moins
souvent	déjà	devant, à l'avant	plus
vite	maintenant	en face	aussi

1 **Les adverbes en –*ment*: remplacez l'expression soulignée par un adverbe.**

Exemple: Elle lui a adressé la parole <u>de façon brutale</u>. *brutalement*

1 Il m'a téléphoné et m'a parlé <u>de manière très agressive</u>. _____

2 Il ne s'adresse jamais aux autres <u>de façon naturelle</u>. _____

3 Ce prof explique tout <u>de manière claire</u>. _____

4 Parle <u>de façon distincte</u> s'il-te-plaît! _____

5 Ils répondent en général <u>de façon sincère</u>. _____

6 Le discours nous a été adressé <u>de manière simple</u>. _____

7 Mon prof de musique m'a dit de travailler <u>de façon régulière</u>. _____

8 Le prof de langue nous dit toujours de parler <u>de façon plus lente</u>. _____

9 Lisez ce texte <u>de manière attentive</u>! _____

2 Complétez les phrases avec un adverbe choisi dans le tableau précédent.

(NM) **Manière:**

1 Nous avons visité un centre de recyclage des déchets organiques et cela sentait _____ .

2 Étudier une langue et en tirer le maximum de bénéfices veut dire travailler _____ .

3 Viens _____ Élodie! Tu vas manquer les coureurs!

4 Il y a trop de monde sur cette plage; c'est pour cela que je n'y viens pas _____ .

Temps:

1 Nous avons acheté une épicerie, _____ un hypermarché.

2 Tu n'as pas _____ fini ton livre; il est pourtant court!

3 Êtes-vous _____ allé à l'étranger?

4 Il est _____ . Il est l'heure de se coucher.

Lieu:

1 Ne reste pas _____ il fait tellement beau aujourd'hui!

2 Voici un plan de la ville et comme vous voyez _____ du cinéma se trouve le restaurant.

3 J'habite _____ d'un immeuble de 10 étages, donc au rez-de-chaussée.

4 Quand tu iras _____ rapporte-moi des souvenirs.

Quantité et degré:

1 Elle a _____ travaillé pour obtenir son diplôme; ces examens sont difficiles.

2 Ce bâtiment a été _____ refait; il est comme neuf.

3 Je n'ai _____ plus de farine; il faut que j'en rachète.

4 Il n'a pas _____ d'argent pour s'acheter les chaussures; il doit aller en retirer à la banque.

3 Choisissez le bon adverbe selon le contexte.

(NM) 1 Parle plus <u>vite / lentement / bien</u>; je ne te comprends pas.

2 Il fait <u>très / beaucoup / trop</u> chaud aujourd'hui. C'est pourquoi j'ai du mal à travailler.

3 <u>Récemment / bientôt / également</u> il a fait un voyage en Inde.

4 Elle a été obligée de travailler <u>dès lors qu'/ pendant qu'/ aussitôt qu'</u>elle faisait ses études.

5 Ne pas entrer <u>dehors / autour / ici</u> sans permission!

4 Complétez ce paragraphe avec les adverbes donnés ci-dessous.

(NS)

aussitôt	brusquement	comme	directement	également	lentement	naguère	seulement

Nous marchions _____ (1). Nous étions parvenus à ce point du jardin d'où j'avais _____ (2) involontairement entendu la conversation qu'avait eue Alissa avec son père. Il me vint _____ (3) à la pensée qu'Alissa, que j'avais vue sortir dans le jardin, était assise dans le rond-point et qu'elle pouvait _____ (4) bien nous entendre; la possibilité de lui faire écouter ce que je n'osais lui dire _____ (5) me séduisit _____ (6) [...] «Oh! si _____ (7) nous pouvions, nous penchant sur l'âme qu'on aime, voir en elle, _____ (8) en un miroir, quelle image nous y posons! Lire en autrui comme en nous-mêmes, mieux qu'en nous-mêmes! Quelle tranquillité dans la tendresse! Quelle pureté dans l'amour!»

André Gide, *La Porte étroite*, 1909

Corrigés (Answers): www.hoddereducation.com/IBextras

5 Les pronoms personnels

Voir *French B for the IB Diploma* Second Edition: Grammaire, page 355

«Et comme le canard <u>les</u> pressait amicalement, elles parlèrent des boîtes de peinture, des haricots à cueillir et du trèfle à couper.»

Marcel Aymé, *Les Contes du chat perché* (*Les Boîtes de peinture*), 1934–1946

- Le **pronom** est un mot qu'on utilise à la place du nom ou du groupe nominal, par exemple pour éviter une répétition: *J'aperçois **le train** → Je **l'**aperçois.*
- Les **pronoms personnels** ont des aspects divers selon leur personne, leur genre, leur nombre et leur fonction.

Singulier	1ère personne	Sujet	Complément d'objet direct	Complément d'objet indirect (verbes à préposition)	Pronominal (dans le cas des verbes réfléchis)	Tonique ou après une préposition
		je / j' **Je** joue	me / m'	me / m' On **me** donne	me / m' Je **me** douche	moi Moi,...
	2e personne	tu	te / t'	te / t'	te / t' / toi (impératif)	toi
	3e personne masculin	il	le / l'	lui	se / s'	lui
	3e personne féminin	elle	la / l'	lui	se / s'	elle
Pluriel	1ère personne	nous	nous	nous	nous	nous
	2e personne	vous	vous	vous	vous	vous
	3e personne masculin	ils	les	leur	se / s'	eux
	3e personne féminin	elles	les	leur	se / s'	elles

1 Complétez les phrases avec une forme de pronoms réfléchis.

1 André va en boîte tous les soirs pour _____ divertir.

2 Lève-_____ tu vas être en retard au collège.

3 Nous devrions _____ réunir demain à 13 heures pour une séance exceptionnelle.

4 Marie et Hervé vont _____ habiller rapidement puis prendre l'avion pour aller en vacances.

5 Attention, ne _____ endormez jamais au volant quand vous conduisez.

6 Je suis incapable de _____ concentrer sur ce problème.

7 Elle ne _____ attentionne pas assez en classe.

8 Où va-t-on _____ rencontrer après le concert?

---

2 Remettez les mots dans l'ordre.

Exemple: à / copains / déjeuner / invité / dimanche / mes / m' / ont / midi

Mes copains m'ont invité à déjeuner dimanche midi.

1 ai / apporté / bouquet / fleurs / de / je / leur / un

_____

2 m' / ils / la / de / raclette / préparé / ont

_____

3 plaisir / avec / avons / dégustée / l' / nous

_____

4 avons / en / laissé / n' / nous / pas

_____

5 raccompagner / ils / me / voulu / ont

_____

6 s' / quitté / minuit / on / est / vers

_____

---

3 Complétez les phrases avec le pronom correct.

Exemple: Je <u>la / lui</u> parle ce soir. *Je lui parle ce soir.*

1 Tu ne <u>les / leur</u> as jamais vus.

2 Nous <u>les / leur</u> avons téléphoné.

3 Pourquoi ne <u>la / lui</u> annonces-tu pas la bonne nouvelle?

4 Vous <u>l' / lui</u> appellerez comment votre enfant?

5 Je ne <u>la / lui</u> ai pas dit ce qu'il devait faire.

6 Je n'ai pas envie de <u>leur / les</u> inviter; il n'y a pas de place chez moi.

7 C'est vous qui allez <u>la / lui</u> prévenir.

8 Maman, demande-<u>il / lui</u> d'obéir immédiatement!

9 Mes vieux vêtements, je <u>les / leur</u> ai donnés au Secours Populaire.

---

4 Relevez dans les phrases différents types de pronoms et expliquez-les.

NS

1 Ayant peint la sauterelle et le brin d'herbe, elle s'était avisée que l'ensemble, au milieu de la grande feuille de papier blanc manquait d'importance et elle avait entrepris de l'étoffer avec un fond de prairie.

2 Marinette ayant achevé son portrait, l'âne fut convié à le venir voir et s'empressa.

3 On ne les vit jamais de si belle humeur que ce jour-là au repas de midi.

4 Il fallut lui glisser un tabouret sous le ventre, faute de quoi il fût probablement tombé.

5 Ce qui vous arrive leur cause autant de chagrin qu'à moi, et je suis sûr que de votre côté, vous êtes très ennuyés.

Marcel Aymé, *Les Contes du chat perché* (*Les Boîtes de peinture*), 1934–1946

Corrigés (Answers): www.hoddereducation.com/IBextras

6 Les adjectifs et pronoms démonstratifs et possessifs

Voir *French B for the IB Diploma* Second Edition: Grammaire, page 356

Tableau des pronoms démonstratifs

	SINGULIER			PLURIEL	
	Masculin	**Féminin**	**Neutre**	**Masculin**	**Féminin**
Formes simples	celui	celle	ce	ceux	celles
Formes renforcées	celui-ci	celle-ci	ceci	ceux-ci	ceux-là
	celui-là	celle-là	cela, ça	celles-ci	celles-là

Tableau des pronoms possessifs

	SINGULIER		PLURIEL	
	Masculin	**Féminin**	**Masculin**	**Féminin**
1ère personne singulier	le mien	la mienne	les miens	les miennes
2e personne singulier	le tien	la tienne	les tiens	les tiennes
3e personne singulier	le sien	la sienne	les siens	les siennes
1ère personne pluriel	le nôtre	la nôtre	les nôtres	
2e personne pluriel	le vôtre	la vôtre	les vôtres	
3e personne pluriel	le leur	la leur	les leurs	

1 **Choisissez le pronom démonstratif correct.**

Exemple: Tu aimes les crêpes au sucre, toi? Non, je préfère _celles_ au citron!

   1 Tu mets des pulls en laine, toi? Non, je préfère <u>celui / ceux</u> en coton!

   2 Tu as des colliers en or, toi? Non, je préfère <u>ceux / celles</u> en argent!

   3 Tu achètes ce sac en cuir, toi? Non, je préfère <u>celui / celles</u> en toile!

   4 Tu veux la voiture rouge? Non, je préfère <u>celui / celle</u> qui est jaune!

   5 On met la cravate à pois? Non, je préfère mettre <u>celle / celui</u> qui est à fleurs!

2 **Complétez avec un pronom possessif.**

Exemple: Je ne trouve pas ma règle; vous pouvez me passer _la vôtre_?

   1 Si sa radio ne marche pas, je lui prête _____ sans hésitation.

   2 Notre télé est en panne; nos amis vont nous apporter _____ .

   3 J'ai perdu mon imperméable; tu me prêtes _____ ?

   4 Je peux utiliser ton vélo? _____ a une crevaison.

5 Nous avons emprunté la machine à laver de mes parents; _____ est en panne.

6 Je n'ai pas reçu d'invitation, mais Victoire me donne _____ .

Le tableau des adjectifs possessifs

Masculin singulier	Féminin singulier	M / F pluriel
mon	ma mon (avant une voyelle): *mon école*	mes
ton	ta ton (avant une voyelle): *ton écharpe*	tes
son	sa son (avant une voyelle): *son époque*	ses
notre	notre	nos
votre	votre	vos
leur	leur	leurs

3 Complétez avec des adjectifs possessifs.

NM

Monsieur,

_____Vos____ (1) deux filles sont dans _____ (2) collège depuis déjà trois ans. Nous avons remarqué que depuis deux semaines, Caroline _____ (3) fille aînée et Cécile _____ (4) cadette sont systématiquement en retard le matin et que _____ (5) notes en ont souferts. Vous savez que _____ (6) assiduité est cruciale pour le bon déroulement de _____ (7) études.

Je vous préviens dans _____ (8) capacité de directrice de cet établissement et je voudrais vous convoquer dans _____ (9) bureau aussi tôt que possible.

Avec _____ (10) meilleures salutations,

Madame Lebrac

4 Voici un bref aperçu de la vie de Georges Bernanos (écrivain). Complétez le texte à l'aide de l'adjectif possessif convenable.

NS

Georges Bernanos est un écrivain français, né en 1888 à Paris et mort en 1948.

Bernanos passe _____ (1) plus jeunes années en Artois et cette région du Nord de la France influencera le décor de la plupart de _____ (2) romans. _____ (3) père, Émile Bernanos, est un tapissier décorateur. _____ (4) mère, Hermance Moreau, est issue d'une famille de paysans berrichons (Pellevoisin, Indre). Il garde de _____ (5) éducation une foi religieuse forte. _____ (6) participation à la Première Guerre mondiale le laisse plusieurs fois blessé. Il finit par obtenir le succès en littérature avec _____ (7) romans Sous le soleil de Satan en 1926 et Journal d'un curé de campagne en 1936.

Dans _____ (8) œuvres, Georges Bernanos explore le combat spirituel du Bien et du Mal, en particulier à travers le personnage du prêtre catholique.

Corrigés (Answers): www.hoddereducation.com/IBextras

7 Les pronoms relatifs

Voir *French B for the IB Diploma* Second Edition: Grammaire, pages 356 et 357

D'où vient la fille avec qui tu es sorti hier?

Ah tu veux dire Isabelle! Elle a ses parents qui habitent à Rennes, justement en Bretagne.

Elle est de Bretagne je crois. Et toi comment s'appelle cette fille dont tu m'avais parlé?

Non pas encore mais j'aimerais connaître le village où elle a passé son enfance; il paraît que c'est magnifique.

Est-ce que tu es déjà allé les voir?

Tu iras quand?

Très bonne question à laquelle je n'ai pas encore pensé.

«Elle se sentait noyée dans le mépris de ces gredins honnêtes <u>qui</u> l'avaient sacrifiée d'abord, rejetée ensuite, comme une chose malpropre et inutile.»

Guy de Maupassant, *Boule de suif*, 1880

Le tableau des pronoms relatifs

Formes simples	qui, que, quoi, dont, où quel, quelle, quels, quelles
Formes composées	lequel, laquelle, lesquels, lesquelles auquel, à laquelle, auxquels, auxquelles duquel, de laquelle, desquels, desquelles quiconque

Exemples:

*Le film **que** l'on va voir ce soir commence à 20 heures.* (complément d'objet direct)

*J'ai un patron **qui** ne parle pas français.* (sujet)

*Voilà l'école **où** je travaille.* (lieu ou temps)

*Je ne connais pas le chanteur **dont** tu parles.* (expression verbale + **de**: parler de)

*J'ai fait une présentation en classe **dont** je suis satisfaite.* (adjectif + **de**: être satisfait de)

*La liste à **laquelle** je fais allusion est à réviser pour demain.* (expression + **à**: faire allusion à)

---

1 **Complétez les phrases avec *qui*, *que* ou *qu'*.**

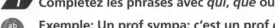

Exemple: Un prof sympa: c'est un prof *qui* comprend les élèves et *que* les élèves aiment bien.

1 Une personne extravertie: c'est une personne _____ parle à tout le monde et _____ entend beaucoup.

2 Un étudiant rebelle: c'est un étudiant _____ n'étudie pas beaucoup et _____ pose problème à ses profs.

3 Un homme aventureux: c'est un homme _____ rien n'arrête et _____ s'aventure partout.

4 Un scientifique déterminé: c'est un scientifique _____ poursuit ses expériences jusqu'au bout et _____ les journalistes veulent interviewer.

---

2 **Faites une seule phrase avec *dont*.**

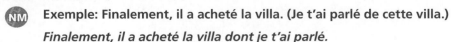

Exemple: Finalement, il a acheté la villa. (Je t'ai parlé de cette villa.)

Finalement, il a acheté la villa dont je t'ai parlé.

1 J'ai trouvé la destination de vacances de rêve. (Je suis très contente de cette destination.)

_____

2 Tu n'as pas pu trouver la robe? (Tu rêvais de cette robe.)

_____

3 Elle a acheté une nouvelle cuisine. (Elle est enchantée de cette nouvelle cuisine.)

_____

4 C'est le village de mon enfance. (Je me souviens parfaitement de ce village.)

_____

5 Elles ont hérité d'une maison de campagne. (Elles sont très fières de cette maison de campagne.)

_____

3 **Remplacez les points de suspension par les pronoms relatifs qui conviennent.**

(NM)

> dont   où   qui   laquelle

1 Je ne retrouve plus l'endroit du jardin _____ j'ai semé la salade.

2 Elle est devenue très attachée au bébé _____ elle s'est occupée pendant si longtemps.

3 L'arbre se penche sous la tempête à _____ il ne résistera pas.

4 Tu es la seule à _____ j'ai confié mon secret.

4 **Remplacez les adjectifs soulignés par une subordonnée relative qui a le même sens.**

(NM)

Exemple: Sa maison natale. _La maison où il / elle est né(e)._

(NS)

1 Albert Camus est son auteur favori.

_____

2 Le patineur a fait des efforts inutiles.

_____

3 Cette famille est logée dans des conditions inacceptables.

_____

5 **Devinez de quel type / genre littéraire il s'agit en utilisant les pronoms relatifs manquants.**

(NS)

> la fable   le conte   le roman   le théâtre   la poésie

1 Voilà un type d'écrit _____ met l'accent sur la vie des personnages, _____ rentre en grande part l'imagination et la subjectivité et _____ Balzac en est un parfait représentant au XIXe siècle: _____

2 C'est un genre littéraire _____ utilise beaucoup les sons ainsi que les rythmes _____ font partie d'une langue: _____

3 C'est un genre _____ est écrit en vers ou en prose et _____ l'histoire présente très souvent une morale, voire même des animaux: _____

4 C'est un genre littéraire dans _____ l'histoire peut se présenter sous forme de scènes et d'actes: _____

5 C'est un genre _____ peut mettre en scène le surnaturel (sorcières, etc.) et _____ Charles Perrault en France en est le parfait représentant: _____

Corrigés (Answers): www.hoddereducation.com/IBextras

8 L'interrogation

Voir *French B for the IB Diploma* Second Edition: Grammaire, page 362

«La bizarre fantaisie de d'Arthez pouvait d'ailleurs être justifiée de bien des manières: peut-être avait-il tout d'abord désespéré de rencontrer ici-bas une femme qui répondît à la délicieuse chimère que tout homme d'esprit rêve et caresse? Peut-être avait-il un cœur trop chatouilleux, trop délicat pour le livrer à une femme du monde?»

Honoré de Balzac, *Les Secrets de la Princesse de Cadignan*, 1839

Où…?	**Lieu**
Quand…?	**Temps**
Pourquoi…?	**Cause**
Quel / Quelle / Quels / Quelles…? Lequel / Laquelle / Lesquels / Lesquelles…?	**Choix**
Qui…?	**Personne**
À qui…? De qui / Avec qui…?	**Possession**
Qu'est-ce que…? Que…?	**Chose (objet)**
Comment…?	**Manière**
Combien…?	**Quantité**

1 **Complétez les questions avec le mot interrogatif qui convient.**

Exemple: *Comment* est-ce qu'il a voyagé? Il a voyagé en avion.

1 _____ est-ce qu'il connaît à Marseille? Il ne connaît personne.

2 _____ est-ce qu'il est venu à Marseille? Il avait un séminaire.

3 Avec _____ est-ce qu'il voyageait? Avec un collègue de travail.

4 _____ est-ce qu'il est arrivé? Il est arrivé en retard à cause du vol.

5 _____ de temps est-ce qu'il a mis pour venir de l'aéroport? Deux heures à cause des bouchons en ville.

6 D'_____ est-ce qu'il est parti? Il est parti de Lille où il habite.

7 _____ est-ce qu'il a pris l'avion? Hier, parce qu'il voulait visiter Marseille un peu.

2 Complétez avec *quel*, *quelle*, *quels* ou *quelles* à la forme correcte.

(NM) Exemple: *Quelle* est la capitale de la Suisse? Je ne sais pas: Genève ou Berne?

1 _____ est la plus haute montagne de France? Je le sais: c'est le Mont-Blanc.

2 _____ sont les montagnes qui séparent la France de l'Italie? Les Alpes.

3 _____ est le plus long fleuve du monde? Je crois que c'est soit le Nil, soit l'Amazone.

4 _____ sont les îles du Pacifique qui appartiennent à la France? Je ne les connais pas toutes, mais l'une d'entre elles est Tahiti, non?

5 _____ sont les pays frontaliers de la France? Facile, la Belgique, le Luxembourg, l'Allemagne, la Suisse, l'Italie, l'Espagne et Andorre.

3 Retrouvez les questions en regardant les réponses (les choix sont multiples tant que vous utilisez le mot interrogatif approprié).

(NM) Exemple: *Pourquoi est-ce que ta sœur t'a téléphoné ce soir?*

Elle voulait me demander de garder mon neveu.

1 _____
Je pense aller en vacances en Belgique afin de pouvoir rendre visite à mes cousins.

2 _____
Je changerai d'employeur l'année prochaine.

3 _____
J'ai souffert d'une rage de dents pendant une semaine sans interruption.

4 _____
J'ai l'intention de partir en Corse avec mes meilleures amies. On a déjà loué une villa!

5 _____
Je lui ai parlé avant-hier au téléphone; chose que je n'avais pas faite depuis un moment.

4 Vous allez passer quelques jours au parc Astérix avec votre correspondant(e) français(e). Votre prof vous interroge pour en savoir plus. Il / elle va poser des questions comme:

- À quelle heure partirez-vous?
- Quand arriverez-vous?
- Avec qui d'autres irez-vous?
- Que visiterez-vous comme attractions?
- Où logerez-vous?
- Prendrez-vous beaucoup de photos?

Trouvez d'autres questions venant du prof en respectant le registre.

Transformez ces questions en registre familier. Par exemple:

- À quelle heure **est-ce que** vous partirez? (utilisation d'*est-ce que*)
- Vous partirez **à quelle heure**? (mot interrogatif en fin de phrase)

_____
_____
_____
_____
_____
_____

9 Les infinitifs

Voir *French B for the IB Diploma* Second Edition: Grammaire, page 357

– Où étiez-vous quand vous avez appris que vous aviez gagné l'Euromillion?
– J'étais dans la cuisine en train de préparer le déjeuner quand le téléphone a sonné.
– Est-ce que ça va changer votre vie? Quels vont être vos projets pour l'avenir?
– Je vais essayer de garder la tête froide et ne pas laisser ce gain me monter à la tête.
– Qu'est-ce que vous pourriez dire à nos auditeurs?
– Croyez en votre chance et continuez d'espérer tout en étant réaliste bien sûr!

«Pour une surprise, c'en fut une. À travers la brume, c'était tellement étonnant ce qu'on découvrait soudain que nous nous refusâmes d'abord à y <u>croire</u> et puis tout de même quand nous fûmes en plein devant les choses, tout galérien qu'on était on s'est mis à bien <u>rigoler</u>, en voyant ça, droit devant nous...»

Céline, *Voyage au bout de la nuit*, 1932

L'**infinitif** en français se termine soit par –*er*, –*re* ou –*ir*: man**ger**, pren**dre**, dor**mir**. C'est aussi bien un verbe non-conjugué (comme on peut le trouver dans le dictionnaire) qu'un verbe dans une phrase.
- L'infinitif peut être associé à un verbe modal: *On doit **travailler** dur pour avoir de bonnes notes.*
- Il peut s'utiliser en début de phrase: ***Trouver** un bon emploi devient de plus en plus rare.*
- Toutes les prépositions (sauf *en*) sont suivies d'un infinitif: *Il est important de bien **réfléchir** avant de **parler**.*
- L'infinitif indique un ordre dans un contexte formel (instructions par exemple): ***Sonner** avant d'**entrer**.*
- On utilise un infinitif après des verbes comme: aimer, adorer, détester, penser, imaginer: *Je déteste **aller** en vacances de neige; il fait toujours trop froid.*
- Dans la construction du futur proche: *Bientôt je vais **commencer** un nouveau travail.*
- Dans les constructions: *après avoir* + participe passé ainsi que *après être* + participe passé (avec accord): *Après **avoir** fini mes devoirs, j'ai pu sortir et m'amuser. / Après **être** arrivés à l'hôtel, nous avons voulu visiter le centre-ville.*

---

1 Complétez les phrases avec les infinitifs suivants.

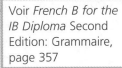

> aller   augmenter   boire   conduire   donner   dormir   étudier
> faire   lire   manger   prêter   pouvoir   rester   voyager

1 Je n'aime pas _____ en vacances si je dois _____ du camping.

2 Pourrais-tu me _____ des DVD pour le week-end?

3 _____ trop gras et trop salé n'est pas bon pour la santé.

4 Il est essentiel de bien _____ afin de recharger l'énergie perdue pendant la journée.

5 J'adore _____ mais en ce moment avec le travail je n'ai jamais le temps; c'est frustrant.

6 Ne pas _____ de la nourriture aux animaux sans l'accord du vétérinaire du zoo; ils suivent un régime particulier.

7 Je n'ai pas envie de _____ trop; je dois _____ pour rentrer à la maison.

8 Il est important d'_____ les langues si vous voulez _____ à travers le monde.

9 _____ au soleil peut sérieusement abîmer la peau ainsi qu' _____ le risque de cancer.

10 La semaine prochaine, nous allons _____ nous relaxer dans le sud de la France.

2 Transformez les phrases suivantes (conseils donnés à un étudiant de l'IB) et faites des phrases plus courtes en utilisant: *après avoir, au lieu de*.

(NM)

Exemple: Quand tu as fini d'écrire la lettre, n'oublie pas la formule de politesse.

Après avoir fini d'écrire la lettre, n'oublie pas la formule de politesse.

1 Ne commence pas à rédiger immédiatement; fais d'abord un plan.

_____

2 Lorsque tu auras fini ton plan, montre-le moi.

_____

3 Écris d'abord; ensuite, relie soigneusement pour vérifier les fautes.

_____

4 N'écris pas au crayon de papier; utilise un stylo bille c'est plus sûr.

_____

5 Écris ton préambule après ta tâche écrite.

_____

3 Imaginez que vous aidiez un(e) étudiant(e) de l'IB en lui donnant des conseils sur la façon de procéder avec la tâche écrite. Faites une liste selon le modèle (dix phrases au moins): verbe à l'infinitif + complément.

(NM)

Exemple: 1. *Lire d'abord les textes soigneusement.*

Voici des verbes à l'infinitif pour vous aider:

repérer	noter	faire	rédiger	vérifier	parler avec
montrer	inclure	souligner	choisir	résumer	

4 Replacez les infinitifs à la bonne place.

(NS)

attendre	bosser	casser	embaucher	faire	gémir
remuer	remuer	rouler	tourner		

> Et j'ai vu en effet les grands bâtiments trapus et vitrés, des sortes de cages à mouches sans fin, dans lesquelles on discernait des hommes à _____ (1), mais _____ (2) à peine, comme s'ils ne se débattaient plus que faiblement contre je ne sais quoi d'impossible. C'était ça Ford! Et puis tout autour et au-dessus jusqu'au ciel un bruit lourd et multiple et sourd de torrents d'appareils, dur, l'entêtement des mécaniques à _____ (3), _____ (4), _____ (5), toujours prêtes à _____ (6) et ne cassant jamais. [...]
>
> J'étais pas le seul à _____ (7) [...] Il était venu de Yougoslavie [...] pour se _____ (8) _____ (9). Un autre miteux m'a adressé la parole, il venait _____ (10) qu'il prétendait, rien que pour son plaisir, un maniaque, un bluffeur.
>
> Céline, *Voyage au bout de la nuit*, 1932

10 Le présent de l'indicatif

Voir *French B for the IB Diploma* Second Edition: Grammaire, page 357

Je me demande bien où sont mes lunettes? Je ne les trouve plus!

C'est sûr que tu te souviens mieux de ce qui s'est passé il y a 30 ans, que ce que tu fais maintenant! Pense un peu!

Ah oui évidemment, elles sont sur ma tête. Mais c'est toi qui les déplaces en permanence...!

Tu es décidément trop tête en l'air!

«Je n'<u>entends</u> rien que l'eau qui <u>clapote</u>, et la voix du gardien qui <u>rappelle</u> ses chevaux dispersés sur le bord... Chaque bête, en s'entendant nommer, <u>accourt</u>, la crinière au vent, et <u>vient</u> manger l'avoine dans la main du gardien.»

Alphonse Daudet, *Les Lettres de mon moulin*, 1869

Il n'y a qu'une forme de **présent de l'indicatif** en français. Vous utilisez le présent pour:
- dire ce qui se passe au moment présent: *Aujourd'hui nous **faisons** du jardin parce qu'il fait beau.*
- dire ce qui arrive à intervalles réguliers: *En général, ils **font** les courses le samedi.*
- dire des vérités générales: *Le sable **est** très chaud sur les plages en été.*
- indiquer un futur immédiat: *Vous **partez** à quelle heure?*
- donner vie à un narratif qui pourrait être aussi au passé: *Alors, ce jour-là, j'**arrive** à l'école et qu'est-ce que je **vois**?... que je n'**ai** pas mes devoirs dans mon sac!*
- indiquer une action qui est toujours en cours mais dont le début se situe dans le passé: *J'**apprends** le français depuis l'école primaire.*
- indiquer une action qui est en train de se dérouler (le présent progressif en utilisant *être en train de* + infinitif): *Je suis **en train de** travailler.*

Verbes réguliers

	Jouer	Finir	Vendre
je	joue	finis	vends
tu	joues	finis	vends
il / elle / on	joue	finit	vend
nous	jouons	finissons	vendons
vous	jouez	finissez	vendez
ils / elles	jouent	finissent	vendent

1 Complétez les phrases avec la forme correcte du présent pour les verbes entre parenthèses (attention, il faut peut-être changer le pronom).

ab initio

Mon nom (1) _____ (être) Charlotte. Je (2) _____ (avoir) 18 ans et je (3) _____ (habiter) à Lyon dans la région Rhône-Alpes en France avec ma mère et mon frère qui (4) _____ (avoir) 9 ans. Mon père (5) _____ (vivre) à Paris parce que mes parents (6) _____ (être) séparés. Je (7) _____ (aller) dans une école secondaire privée et j'y (8) _____ (être) demi-pensionnaire, c'est-à-dire que je (9) _____ (manger) à l'école le midi. Mon frère (10) _____ (aller) à l'école primaire de notre quartier et il (11) _____ (adorer) ça. Il me (12) _____ (rester) encore une année puis ensuite je (13) _____ (espérer) aller à l'université pour étudier la biologie. Ma famille me (14) _____ (soutenir) dans mes choix mais il ne (15) _____ (être) pas facile de savoir ce qu'il faut faire.

2 Complétez les phrases avec les verbes suivants au présent.

(NM)

> boire   connaître   dépenser   dire   dormir   être
> faire   ouvrir   penser   savoir   venir

1 Au centre-ville, les banques _____ le matin à 9 heures.

2 Qu'est-ce que tu _____ ? Du thé ou du café?

3 Les écologistes _____ que la planète se réchauffe beaucoup trop vite.

4 Les animaux nocturnes _____ éveillés la nuit et _____ pendant la journée.

5 Mon frère _____ que je _____ trop pour mes vêtements.

6 Je ne _____ pas du tout les peintres impressionnistes mais j'ai l'intention d'aller à une exposition.

7 Ma cousine _____ un pèlerinage à Lourdes.

8 Est-ce que tes parents _____ demain ou après-demain? Je ne me souviens plus.

9 _____-vous s'il faut redonner les devoirs bientôt?

3 Répondez aux questions en utilisant le présent progressif.

(NM)

Exemple: Tu peux m'accompagner?

Non je suis en train de travailler. **(travailler)**

1 Elle t'accompagne au cinéma?

_____ (préparer le repas)

2 Je peux parler à Lucie?

_____ (prendre un bain)

3 J'ai quelque chose à te dire!

Attends, je _____ (téléphoner)

4 Vous venez, on va faire une balade.

Pas tout de suite, nous _____ (écouter les informations)

4 Réécrivez le passage suivant en changeant les verbes pour le présent.

(NS)

> Le vieux ne me donna pas le temps de finir, et me cria fort malhonnêtement de retourner à ma flûte;
> que, si j'étais pressé de marier mon garçon, je pouvais bien aller chercher des filles à la minoterie…
> Pensez que le sang me montait d'entendre ces mauvaises paroles; mais j'eus tout de même assez
> de sagesse pour me contenir, et, laissant ce vieux fou à sa meule, je revins annoncer aux enfants ma
> déconvenue… Ces pauvres agneaux ne pouvaient pas y croire; ils me demandèrent comme une grâce de
> monter tous deux ensemble au moulin, pour parler au grand-père… Je n'eus pas le courage de refuser, et
> prrt! voilà mes amoureux partis.
>
> Alphonse Daudet, *Les Lettres de mon moulin*, 1869

_____

_____

_____

_____

_____

_____

Corrigés (Answers): www.hoddereducation.com/IBextras

11 Le passé composé

Voir *French B for the IB Diploma* Second Edition: Grammaire, page 358

L'épouse d'une personnalité en vue a été victime d'un cambriolage hier dans la matinée. Plusieurs inconnus ont réussi à pénétrer par effraction dans son appartement, avant de s'emparer d'un coffre-fort renfermant bijoux et argent liquide. Les cambrioleurs ont accédé à l'appartement de la victime en grimpant le long de la façade de son immeuble. Les enquêteurs de la police judiciaire sont arrivés sur les lieux peu de temps après, ayant été avertis par téléphone.

Le **passé composé** sert à indiquer des actions complétées dans le passé: *Cet après-midi **je suis allé(e)** au centre commercial et **j'ai acheté** de nouveaux vêtements.*

Le passé composé, comme son nom l'indique, est un temps composé de:
● un auxiliaire: *avoir* ou *être* (sous sa forme du présent), et
● un participe passé: le verbe cible au participe passé; les verbes réguliers en −*er* finissent en −*é*, en −*ir* deviennent −*i* et en −*re* finissent en −*u*: *jouer* → *joué*, *finir* → *fini*, *vendre* → *vendu*

Il existe aussi des verbes qui ont des participes passés irréguliers; il est important de consulter des tables de verbe ou bien **www.leconjugueur.com**

La plupart des verbes se conjugue avec *avoir*. Toutefois voici une liste des verbes avec lesquels on utilise *être*:
● aller
● arriver
● descendre
● devenir
● entrer
● monter
● mourir
● naître
● partir
● passer
● rentrer
● rester
● retourner
● revenir
● sortir
● tomber
● venir

Il existe une particularité supplémentaire pour ces verbes; les participes passés s'accordent en genre et en nombre avec leur sujet: *Ma sœur est **venue** me voir chez moi hier, mais par contre mes parents ne sont pas **passés**.*

1 Conjuguez ces verbes réguliers au passé composé.

1 Mercredi dernier, Madame Duval _____ (partir) en voyage d'affaires à Bordeaux.
2 Elle _____ (aller) à son premier rendez-vous en taxi.
3 Puis elle _____ (rencontrer) ses premiers clients de la banque.
4 Ensuite, elle et son associé _____ (visiter) une usine dans la banlieue.
5 Ils _____ (discuter) avec certains membres du personnel.
6 En fin d'après-midi, elle _____ (participer) à une réunion.
7 Elle _____ (rentrer) à l'hôtel épuisée.
8 Heureusement elle _____ bien _____ (dormir).

2 Conjuguez ces verbes irréguliers au passé composé.

1 Il n' _____ rien _____ (dire) à ses copains.
2 Les professeurs de son école l' _____ (voir) faire l'école buissonnière.
3 Sa sœur _____ (vouloir) l'aider mais n' _____ pas _____ (pouvoir).
4 Ses amis n' _____ rien _____ (comprendre) à cette histoire.
5 Elle _____ (naître) le siècle dernier dans une famille de paysans.
6 Sa mère _____ (mourir) quand elle avait 6 ans.
7 Elle _____ (devenir) célèbre grâce à ses écrits sur la vie paysanne.

3 Reliez les différents éléments pour faire une phrase complète avec un passé composé.

Exemple: Français – quitter – Algérie – 1962

Les Français ont quitté l'Algérie en 1962.

1 Madagascar – obtenir – indépendance – France – 1960

_____

2 Mur – Berlin – tomber – nuit – 9 novembre – 1989

_____

3 Champollion – déchiffrer – hiéroglyphes – 1822

_____

4 Marie Curie – découvrir – Polonium – 1898

_____

4 Complétez la biographie du célèbre réalisateur français Luc Besson en mettant les verbes entre parenthèses au passé composé. On vous donne douze verbes; à vous de trouver les trois restants.

Luc Besson _____ (1) à Paris en 1959, mais il ne _____ (2) pratiquement pas (3) _____ (vivre) dans la capitale pendant son enfance. Il _____ (4) en effet (5) _____ (suivre) pendant plus de quinze ans ses parents, professeurs de plongée, autour de la Méditerranée. Passionné par la mer, c'est tout naturellement qu'il (6) _____ (s'engager) à suivre la trace de ses parents en tant que biologiste marin spécialisé dans les dauphins, mais un grave accident de plongée réduit à néant ses espérances. À 17 ans, celui-ci (7) _____ (apprendre) qu'il ne pourrait plus jamais plonger et que l'accident aurait pu lui coûter la vue.

Le retour sur les bancs du lycée n'_____ (8) donc pas _____ (9) facile pour le jeune Luc Besson. Pourtant, c'est à cette époque que l'adolescent va développer un goût certain pour le cinéma, se mettant à dévorer tous les films des cinémathèques. Après quelques petits boulots: stagiaire pour Pialat, Arcady, il (10) _____ (réaliser) également quelques clips pour développer ses propres techniques de mise en scène. Au fur et à mesure de ces expériences, il _____ (11) la rencontre de Pierre Jolivet avec qui il (12) _____ (sympathiser), et les deux compères (13) _____ (créer) ensemble la boîte de production Les films du loup.

Se revendiquant d'une certaine influence américaine, Luc Besson (14) _____ (aborder) ensuite deux films noirs et nerveux, *Nikita* en 1990 et *Léon* en 1994. Vus en France par plus de trois millions et demi de spectateurs chacun, ces films lui (15) _____ (permettre) également de réaliser une percée certaine sur le marché américain. *Le Cinquième Elément* (1997), film de science-fiction plongeant Bruce Willis dans un univers futuriste coloré, (16) _____ (réaliser) également une jolie carrière au box-office outre Atlantique, et (17) _____ (permettre) au cinéaste de remporter le César du Meilleur Réalisateur. Scénariste et producteur de la plupart de ses films, son succès l' (18) _____ (amener) aussi à produire pour d'autres réalisateurs.

Adapté de www.linternaute.com/cinema/luc-besson/

12 L'imparfait

Voir *French B for the IB Diploma* Second Edition: Grammaire, page 358

> Il était une fois un Roi,
> Le plus grand sur la Terre,
> Aimable en Paix, terrible en Guerre,
> Seul enfin comparable à soi:
> Ses voisins le craignaient, ses États étaient calmes,
> Et l'on voyait de toutes parts
> Fleurir, à l'ombre de ses palmes,
> Et les Vertus et les beaux Arts.
> Son aimable Moitié, sa Compagne fidèle,
> Était si charmante et si belle,
> Avait l'esprit si commode et si doux
> Qu'il était encore avec elle
> Moins heureux Roi qu'heureux époux.
> De leur tendre et chaste Hyménée
> Pleine de douceur et d'agrément,
> Avec tant de vertus une fille était née
> Qu'ils se consolaient aisément
> De n'avoir pas de plus ample lignée...

Charles Perrault, *Peau d'âne*, 1694

Dans l'**imparfait**, il n'y a aucune indication de début ou de fin d'une action, si l'action décrite a été finie ou non. C'est pourquoi on l'appelle *imparfait*. C'est le temps utilisé pour mettre en place une histoire. L'imparfait a trois utilisations principales:

- indiquer une habitude ou une répétition dans le passé: *Quand nous **habitions** à Bordeaux, nous **allions** souvent à la plage d'Arcachon.*
- décrire une situation dans le passé: *Il **faisait** beau ce jour-là et nous **étions** prêts à pique-niquer lorsque...*
- dire ce qui se passait à un moment particulier: *Maman **faisait** du thé.*

On forme l'imparfait en utilisant comme radical la forme *nous* du présent (sans la terminaison) et en ajoutant les terminaisons suivantes:

Jouer	Finir	Prendre
nous jou(ons)	nous finiss(ons)	nous pren(ons)
je jouais	je finissais	je prenais
tu jouais	tu finissais	tu prenais
il / elle / on jouait	il / elle / on finissait	il / elle / on prenait
nous jouions	nous finissions	nous prenions
vous jouiez	vous finissiez	vous preniez
ils / elles jouaient	ils / elles finissaient	ils / elles prenaient

Toutes les irrégularités d'un verbe sont révélées au présent à la forme *nous*, donc il est préférable de bien connaître le présent! Il reste à connaître *être*, dont la forme est *j'étais,* etc.

---

1 **Complétez les phrases avec les verbes entre parenthèses à l'imparfait.**

1 À cette époque mon frère _____ (vivre) à Montréal depuis 3 ans.

2 En vacances on _____ (manger) souvent des fruits de mer.

3 De quelle couleur _____ (être) la chemise que tu _____ (porter) hier?

4 Quand je _____ (être) jeune, ma grand-mère me _____ (cuisiner) des plats régionaux.

5 L'ancienne autoroute _____ (passer) par la forêt avant de rejoindre la côte.

6 La semaine d'école _____ (se finir) toujours en chantant un hymne.

7 Dans le jardin de mes parents, il y _____ (avoir) des dahlias pendant tout l'été.

8 Nathalie _____ (être) française mais elle _____ (résider) au Québec.

2 Complétez les phrases avec les verbes suivants que vous conjuguerez à l'imparfait. Le verbe *être* s'utilise deux fois.

(NM)

> aller   appartenir   avoir   battre   déjeuner   déménager   devoir
> être   être   jouer   posséder   se sentir   travailler   voir

1 Valérie et Nadine _____ mal quand elles _____ passer un examen.

2 Ils _____ très régulièrement à l'époque, vu que leur père _____ militaire.

3 Quand je _____ au tennis avec Bruno, il me _____ tout le temps.

4 Ses parents _____ divorcés, donc elle ne _____ son père que toutes les deux semaines.

5 Je _____ l'habitude de boire de la menthe à l'eau quand je _____ voir mon grand-oncle dans son café.

6 Tu _____ un Picasso qui _____ à ta marraine, je crois?

7 Nous _____ à la cantine parce que nos parents _____ .

3 Complétez les phrases avec les verbes entre parenthèses à l'imparfait.

(NM)

> La lumière qui (1) _____ (éclairer) le sol jusqu'à trente pieds au-dessous de l'Océan, m'a étonné par sa puissance. Les rayons du soleil (2) _____ (traverser) aisément cette masse aqueuse et en (3) _____ (dissiper) la coloration. Je (4) _____ (distinguer) nettement les objets à une distance de cent mètres. Au-delà, les fonds (5) _____ (se nuancer) des fines dégradations de l'outremer, puis ils (6) _____ (bleuir) dans les lointains et (7) _____ (s'effacer) au milieu d'un vague obscurité… Nous (8) _____ (marcher) sur un sable fin, uni, non ridé, comme celui des plages.
>
> Jules Verne, *20 000 lieues sous les mers*, 1869

4 Le texte suivant a été écrit, à l'origine, à l'imparfait. Réécrivez-le en rétablissant l'imparfait quand il le faut.

(NS)

> Pendant la nuit du 9 mars 1860, les nuages, se confondant avec la mer, limitent à quelques brasses la portée de la vue. Sur cette mer démontée, dont les lames déferlent en projetant des lueurs livides, un léger bâtiment fuit presque à sec de toile. C'est un yacht de cent tonneaux – un schooner – nom que portent les goélettes en Angleterre et en Amérique […]
>
> Il est onze heures du soir. Sous cette latitude, au commencement du mois de mars, les nuits sont courtes encore. Les premières blancheurs du jour ne doivent apparaître que vers cinq heures du matin. Mais les dangers qui menacent le *Sloughi* seraient-ils moins grands lorsque le soleil éclairerait l'espace.
>
> Jules Verne, *Deux ans de vacances*, 1888

13 Le passé composé ou l'imparfait

Voir *French B for the IB Diploma* Second Edition: Grammaire, page 358

Avant je vivais dans un studio minuscule de 6 m², sans salle de bains ou toilettes. Je n'avais pas la télé, ni l'eau chaude. Un jour, j'ai joué au loto et … j'ai gagné! Cela a changé ma vie pour toujours. Maintenant je vis dans un bel appartement, haut de plafond avec chambre et salle de bains en suite!

L'imparfait est utilisé pour:
- donner une opinion, un sentiment
- parler de la météo au passé
- raconter une histoire et planter son «décor»
- indiquer une habitude dans le passé

Le **passé composé**, par contraste, est utilisé pour:
- parler d'une action précise dans le passé (avec un début et une fin)
- contraster avec l'imparfait comme une action qui interrompt l'habitude ou le déroulement d'une autre action

1 **Conjuguez à l'imparfait ou au passé composé.**

Exemple: Elle *traversait* (traverser) la rue, quand brusquement un camion *est arrivé* en face d'elle.

1 Il _____ (se promener) paisiblement; tout à coup, il
_____ (commencer) à faire de l'orage.

2 Je _____ (lire) un magazine et à un moment le téléphone
_____ (sonner).

3 Nous _____ (être) à la terrasse d'un café quand soudainement
quelqu'un _____ (appeler) nos noms.

4 Ils _____ (faire) leurs courses, quand brusquement il
_____ (y avoir) une explosion dans la rue.

5 Ils _____ (se rencontrer) alors qu'ils _____ (sortir)
de la même boîte.

6 Il _____ (se mettre) à pleuvoir pendant que je
_____ (faire) du vélo.

2 **Complétez avec les verbes au passé composé ou à l'imparfait.**

| arriver | attendre | avoir | demander | ne pas donner |
| faire | ne pas pouvoir | poser | savoir | |

Hier après-midi, quand je _____ (1) à la gare, il y
_____ (2) un monde fou. Je _____ (3) à une
passante l'heure du train pour Bourges. Elle _____ (4) me
répondre. Je _____ (5) la même question au chef de gare ainsi
qu'à un employé du guichet, personne ne _____ (6) rien. Alors
je _____ (7) trois quarts d'heure et puis, ils _____
(8) une annonce au haut-parleur: «Prochain train pour Bourges, quai n° 4.»
Ils _____ (9) d'explications. Quel mystère…

Le **passé récent** se forme avec *venir de* (conjugué au présent) + infinitif: *Je suis désolé, elle **vient de sortir.***

3 Mettez les mots dans l'ordre.

Exemple: d' / une / Je / nouvelle / viens / maison / acheter

Je viens d'acheter une nouvelle maison.

1 vient / nouvelle / de / Mon / notre / mari / cuisine / commander

_____

2 son / vient / permis / fils / de / Mon / de / conduire / passer

_____

3 à / viennent / la / Nos / fac / jumelles / d' / entrer

_____

4 nos / venons / vacances / Nous / de / prochaines / réserver

_____

5 d' / vient / une / Ma / petite / cousine / fille / avoir

_____

6 partir / retraite / de / la / viennent / Ils / à

_____

4 Conjuguez les verbes au passé composé, à l'imparfait ou au passé récent.

– Alors, dis-moi, tu (1) _____ (ne pas envoyer) la lettre à Karine?

– Si, je (2) _____ (faire) à l'instant.

– Super! Et tu (3) _____ (réserver) les places dans l'avion pour mardi?

– Patrick (4) _____ (s'en occuper) hier.

– Il en (5) _____ (avoir)?

– Oui, mais, il (6) _____ (ne plus y avoir que) des places en première, alors c' (7) _____ (être) vraiment cher!

– Quel luxe!

5 Conjuguez les verbes au passé composé ou à l'imparfait.

L'avocat (1) _____ (ouvrir) une porte. Thérèse Desqueyroux, dans ce couloir dérobé du palais de justice, (2) _____ (sentir) sur sa face la brume et profondément, l' (3) _____ (aspirer). Elle (4) _____ (avoir) peur d'être attendue, (5) _____ (hésiter) à sortir. Un homme dont le col était relevé, (6) _____ (se détacher) d'un platane; elle (7) _____ (reconnaître) son père. [...] Elle (8) _____ (descendre) des marches mouillées. Oui, la petite place (9) _____ (sembler) déserte. Son père ne l' (10) _____ (embrasser) pas, ne lui (11) _____ (donner) pas même un regard; il (12) _____ (interroger) l'avocat Duros, qui (13) _____ (répondre) à mi-voix, comme s'ils avaient été épiés. Elle (14) _____ (entendre) confusément leurs propos.

François Mauriac, *Thérèse Desqueyroux*, 1927

Corrigés (Answers): www.hoddereducation.com/IBextras

14 Le plus-que-parfait et le passé simple

Voir *French B for the IB Diploma* Second Edition: Grammaire, pages 358 et 359

Qu'est-ce qu'il t'est arrivé David?

Tu ne fais jamais attention, David!

Oh là là! Je viens d'avoir un accident. L'autre jour, j'étais au supermarché quand tout à coup j'ai glissé sur une feuille de salade que je n'avais pas vue. Je suis tombé par terre, puis je me suis tapé dans les légumes, qui sont ensuite tombés sur moi, en grande quantité comme tu peux imaginer! Enfin les docteurs ont dit que je n'étais qu'en observation, mais que je l'avais échappé belle!

Aïe, aïe ma tête...

Le **plus-que-parfait** est un temps composé du passé. Si vous savez former le passé composé, le plus-que-parfait n'est pas plus compliqué. Il faut utiliser un auxiliaire – *avoir* ou *être* – à l'imparfait, puis le participe passé du verbe cible. Les règles de choix quant à *avoir* ou *être* sont les mêmes que pour le passé composé. Le participe passé s'accorde aussi quand *être* est utilisé.

● Ce temps indique ce qui s'était déjà passé avant une autre action du passé: *Quand je suis arrivée, il **avait déjà terminé**.*

● On l'utilise aussi en discours rapporté: «J'ai fini mon dîner» a dit William. → William a dit qu'il **avait déjà fini** son dîner.

1 Dans les phrases suivantes, mettez les verbes entre parenthèses au plus-que-parfait (attention à l'ordre des mots dans les phrases négatives).

Exemple: Il _____ (neiger) toute la soirée mais au moment de sortir une accalmie _____ (arriver).

Il avait neigé toute la soirée mais au moment de sortir une accalmie était arrivée.

1 Nous ne _____ (avoir) jamais autant de bonnes notes.

2 Elle _____ (revenir) d'Australie par la Nouvelle Calédonie où elle _____ (rester) une semaine.

3 Fleur _____ (devoir) rentrer avant nous.

4 Rimbaud _____ (passer) son enfance en Champagne.

5 Les organisateurs du festival _____ (ne prévoir pas) qu'il ferait si mauvais.

6 Les pharaons, quand ils _____ (faire construire) leurs pyramides, _____ (ne imaginer pas) qu'elles deviendraient le symbole de l'Egypte.

7 Une grande chaîne de télévision britannique publique _____ (assurer) la retransmission des Jeux du Commonwealth.

8 La Jamaïque _____ (gagner) un grand nombre de médailles en athlétisme.

9 En 2018, les Jeux _____ (se dérouler) en Australie.

2 Décidez à quel temps le verbe doit être utilisé: le passé composé ou le plus-que-parfait.

1 Allons-y! Nous <u>avons enfin fini / avions enfin fini</u> notre travail ici!

2 Ils ont hésité à s'acquitter de la tâche qu'on <u>leur avait donnée / leur a donnée</u>.

3 Marius a dit qu'il <u>a mangé / avait mangé</u>.

4 Quand la police est arrivée, ils <u>s'étaient déjà échappés / se sont déjà échappés</u>.

3 Changez les sujets des verbes en respectant la forme des verbes.

Cet été, nous avions pensé passer deux semaines de vacances en Grèce mais, au dernier moment, nous avions abandonné l'idée de ce séjour après avoir reçu des nouvelles inquiétantes de notre tante. Un peu plus tard celle-ci s'était rétablie mais il avait été trop tard pour partir.

Cet été, Charlotte

_____

_____

_____

_____

_____

_____

_____

Le **passé simple** est un temps du passé que vous rencontrerez uniquement si vous étudiez au niveau supérieur. Il vous sera demander simplement de le reconnaître, sauf si vous décidez d'écrire dans un style particulier nécessitant le passé simple. Il est l'équivalent du passé composé (dans sa valeur) mais seulement utilisé en littérature.

Au passé simple les verbes réguliers du premier groupe (comme *chanter*) prennent les terminaisons suivantes: –ai, –as, –a, –âmes, –âtes, –èrent.

Les verbes du deuxième groupe (comme *grandir*): –is, –is, –it, –îmes, –îtes, –irent.

Les verbes du troisième groupe (comme *partir*): –is, –is, –it, –îmes, –îtes, –irent; comme *apercevoir*: –us, –us, –ut, –ûmes, –ûtes, –urent; et comme *tenir*: –ins, –ins, –int, –înmes, –întes, –inrent.

Les verbes *avoir* et *être* ont des formes particulières.

4 Remettez les verbes conjugués au passé simple à la bonne place dans le texte puis associez-les à leurs infinitifs.

jaillit	lança	purent	rétablit	se produisit	se souleva
pouvoir	rétablir	se soulever	jaillir	se produire	lancer

Murchison, pressant du doigt l'interrupteur de l'appareil, _____ (1) le courant et _____ (2) l'étincelle électrique au fond de la Columbiad. Une détonation épouvantable, inouïe, surhumaine _____ (3) instantanément. Une immense gerbe de feu _____ (4) des entrailles du sol comme d'un cratère. La terre _____ (5) et c'est à peine si quelques personnes _____ (6) un instant entrevoir le projectile fendant victorieusement l'air au milieu des vapeurs flamboyantes.

Jules Verne, *De la terre à la lune*, 1865

Corrigés (Answers): www.hoddereducation.com/IBextras

15 Le futur proche, le futur simple et le futur antérieur

Voir *French B for the IB Diploma* Second Edition: Grammaire, page 359

Maman, qu'est-ce qu'il va m'amener le père Noël?

Si tu ne dors pas, il ne pourra pas passer et il ne t'amènera rien.

Mais pourquoi est-ce qu'il ne va rien m'amener? Je croyais qu'il était gentil le père Noël!

S'il te voit, il saura que tu ne m'auras pas écouté et il repartira aussitôt.

C'est pas vrai!

Le **futur proche** sert à:
- formuler un projet: *Nous **allons partir** en vacances au mois de juillet.*
- parler d'une action immédiate: *Dépêche-toi, le spectacle **va commencer**; on est en retard, on ne **va** pas **voir** le début!*

Il est formé du verbe *aller* à la forme du présent et l'infinitif du verbe cible.

---

1 Mettez les mots dans l'ordre.

Exemple: la / vais / à / Je / bibliothèque / lire / aller

Je vais aller lire à la bibliothèque.

1 aller / dans / Marine / se promener / va / bois / les

_____

2 Nous / faire / n' / rien / allons

_____

3 ne / voir / Il / personne / va

_____

2 Conjuguez les verbes au futur proche.

Exemple: Dépêchez-vous, vous *allez être* (être) en retard!

1 Fais attention, tu _____ (se couper)!

2 C'est dangereux, vous _____ (tomber)!

3 Pose le bibelot, tu _____ (le casser).

4 L'auteur _____ (finir) son manuscrit pour la fin de l'année.

5 Nous _____ (partir) en vacances en France au début de la semaine prochaine.

6 Je _____ (se relaxer) probablement près de la piscine.

7 Les enfants _____ (retourner) à l'école au début du mois de septembre.

Le **futur simple** sert à:
- indiquer qu'une action ou un état se situe à l'avenir: *Dans 10 ans, tu **seras** adulte.*
- exprimer un ordre: *Tu **attendras** que j'arrive.*
- atténuer des paroles (plus poli): *Je vous **demanderai** de partir.*

Pour former le futur simple des verbes réguliers, il faut ajouter des terminaisons à l'infinitif du verbe: *–ai, –as, –a, –ons, –ez, –ont.*

Certains verbes très utiles sont **irréguliers** et vous devez en connaître les radicaux (équivalents de l'infinitif sur lequel attaché les terminaisons):

Infinitif	Radical
avoir	aur–
être	ser–
aller	ir–
faire	fer–

Infinitif	Radical
voir	verr–
pouvoir	pourr–
venir	viendr–
vouloir	voudr–

3 Choisissez le verbe au futur simple.

1 Ils viendront / viendrons.

2 Vous appellerai / appellerez.

3 Tu jouera / joueras.

4 Nous paieront / paierons.

5 On suivra / suivront.

6 Ils courront / courrons.

7 Je viendrai / viendrais.

8 Il irait / ira.

4 Conjuguez les verbes au futur simple.

Dans le sud-est, le temps (1) _____ (être) nuageux et
il (2) _____ (neiger) faiblement en altitude. Les nuages
(3) _____ (se déplacer) vers le Languedoc où il y (4) _____
(avoir) aussi beaucoup de vent. Dans toutes les autres régions, la matinée
(5) _____ (être) brumeuse mais les brumes (6) _____ (se
dissiper) aux alentours du déjeuner. La soirée (7) _____ (être) très
fraîche et il (8) _____ (commencer) à pleuvoir en début de nuit.

Ce week-end, on (9) _____ (pouvoir) s'attendre à de la pluie sur la
côte ouest et il (10) _____ (continuer) à faire soleil sur la Corse.

Le **futur antérieur** sert à:
● indiquer un fait futur qui sera déjà passé quand un autre fait futur aura lieu: *J'aurai terminé l'écriture du manuscrit quand la fin du mois arrivera.*
● exprimer une supposition portant sur le passé: *Ils se **seront** sans doute **perdus**!*

Le futur antérieur se conjugue en utilisant un auxiliaire (*avoir* ou *être*) au futur simple et en ajoutant le participe passé du verbe cible. Le choix de l'auxiliaire suit les mêmes règles que le passé composé.

5 Pour récompenser la fin de vos études, vos parents vous ont offert un billet d'avion pour Paris. Vous partez demain. Imaginez ce que vous aurez déjà fait demain à cette heure-ci.

Exemple: Arriver à l'aéroport de Roissy-Charles de Gaulle

Demain, à cette heure-ci, je serai déjà arrivé(e) à l'aéroport.

1 Prendre le RER pour aller dans le centre

2 Trouver mon auberge de jeunesse

3 Demander les clés à la réception

4 M'installer

5 Défaire mes bagages

6 Consulter mon guide

7 Sortir pour aller visiter

8 Aller dans un bistro typique

9 Rencontrer des gens nouveaux

10 Se reposer un peu

Corrigés (Answers): www.hoddereducation.com/IBextras

16 Les conditionnels présent et passé

Voir *French B for the IB Diploma* Second Edition: Grammaire, page 359

Le **conditionnel présent** s'utilise:

- dans des phrases subordonnées quand l'un des éléments est au passé: *Tu croyais que tu **finirais** à temps.*
- quand il y une condition (avec *si*): *Si j'avais des œufs, je **ferais** des crêpes.*
- Pour atténuer des propos (conditionnel de politesse): *J'**aimerais** venir te voir demain.*

Le conditionnel présent est formé à partir du radical du futur suivi de terminaisons identiques à l'imparfait: *–ais, –ais, –ait, –ions, –iez, –aient.*

Il n'est pas toujours facile de distinguer la première personne du futur de celle du conditionnel présent. Il est conseillé de regarder le contexte et de remplacer la première personne par la troisième.

1 Reliez le début d'une phrase (à gauche) avec sa fin.

1	Si tu étudiais plus,	**a**	il serait plus mince.
2	Si tu avais beaucoup d'argent,	**b**	vous feriez du bateau.
3	Tu pensais que	**c**	tu aurais de meilleurs résultats.
4	S'il mangeait moins,	**d**	nous irions en vacances à l'étranger.
5	Si nous avions le temps,	**e**	tu achèterais une maison pour tes parents.
6	S'il ne pleuvait pas,	**f**	tu aurais le temps de finir ton travail.
7	Si la gymnaste s'entraînait plus sérieusement,	**g**	nous voulions partir en croisière trois semaines.
8	Nous savions que	**h**	si Yola passait me voir.
9	Je serais très contente,	**i**	elle pourrait gagner plus de médailles.

2 Complétez les phrases avec un verbe au conditionnel.

> adorer   aimer   avoir   installer   pouvoir

Si je vivais à la campagne, j'_____ (1) un grand jardin avec un potager et un herbier. Je _____ (2) planter des arbres fruitiers pour constituer un verger et mon mari n'_____ (3) qu'à tondre le gazon. On _____ (4) l'occasion de garder un coin de ce parc pour y installer une table et un immense parasol. J'_____ (5) bien aussi avoir une ruche pour élever des abeilles; j'_____ (6) ce type de ruche rond comme on en voit sur les anciennes photos! Si un jour nous avions des petits-enfants, ils _____ (7) faire de la balançoire sur le portique qu'on _____ (8) pas loin de la maison.

- Le **conditionnel passé** indique ce qui se serait passé, ou ce qui aurait pu se passer: *Si j'avais eu des œufs, j'aurais fait des crêpes.*
- Il s'utilise aussi dans le discours indirect: *Le magasin a dit que le vélo serait monté d'ici 16 heures.*

Le **conditionnel passé** se forme avec un auxiliaire (*avoir* ou *être*) et le participe passé du verbe cible. Le choix de l'auxiliaire suit les mêmes règles que pour le passé composé.

3 **Mettez les verbes entre parenthèses au futur de l'indicatif ou au conditionnel présent.**

(NM)

1 Appelle-moi quand tu _____ (rentrer) de vacances.

2 Je pensais que ce long-métrage _____ (remporter) un prix à la Mostra de Venise.

3 Elle _____ (vouloir) bien venir vous voir mais elle est très timide.

4 Je voudrais bien savoir quel temps il _____ (faire) demain.

5 Si ce musée était moins loin, nous _____ (aller) à vélo.

6 Pardon madame, _____ (vouloir)-vous m'indiquer le chemin du centre-ville, s'il-vous-plaît?

7 Je _____ (commencer) l'étude de la philosophie quand je serai en Terminale.

4 **Le jeu du portrait chinois: Faites votre propre portrait chinois en complétant les phrases, puis faites-le deviner en classe pour voir s'il est ressemblant. Essayez de varier les verbes: *je voudrais être, je pourrais être, j'aimerais être*, etc.**

(NM)

Exemple: Si j'étais un objet, *je serais une chaise longue*.

1 Si j'étais un animal,…

_____

2 Si j'étais une saison,…

_____

3 Si j'étais une couleur,…

_____

4 Si j'étais un film,…

_____

5 Si j'étais un roman,…

_____

5 **Expliquez ce que vous auriez fait si vous aviez participé au protocole de Kyoto sur l'environnement et utilisez le conditionnel passé.**

(NS)

Exemple: Si j'avais participé au protocole de Kyoto sur l'environnement, j'aurais parlé de la réduction des émissions de gaz à effet de serre.

1 Proposer des solutions quant au réchauffement climatique

_____

2 Installer et entretenir des parcs d'éoliennes

_____

3 Négocier la réduction de la pollution par certains pays

_____

4 Pousser le développement des énergies propres et renouvelables

_____

5 Débloquer des fonds pour aider les pays émergents à moins polluer

_____

6 S'assurer que les pays signataires respectent le protocole

_____

Corrigés (Answers): www.hoddereducation.com/IBextras

17 Les subjonctifs présent et passé

Voir *French B for the IB Diploma* Second Edition: Grammaire, pages 359 et 360

Demain, il faut que je sois à 10 heures à l'aéroport pour aller récupérer Émilie, que j'aille ensuite au centre-ville, que je fasse les courses de la semaine, que je voie mon dentiste pour le check-up habituel et que je sois rentré avant 18 heures pour que nous puissions préparer le dîner. Vivement dimanche, que je me relaxe!

Le **subjonctif** s'emploie:

- surtout dans les phrases à subordination exprimant un désir, un ordre, un doute, un conseil, une supposition, un sentiment, etc: *Je veux que tu **ailles** en courses.* (désir, ordre) / *Je crains que tu ne **puisses** aller en courses.* (crainte) / *Imaginons que tu **aies** raison.* (supposition)
- parfois dans les propositions indépendantes avec ou sans *que*, quand elles expriment l'ordre, le souhait, l'indignation, etc: *Qu'il **fasse** ses devoirs!* (ordre)

La meilleure façon de comprendre quand il faut utiliser le subjonctif est de vous faire une liste des expressions suivies de ce mode et de s'efforcer à l'utiliser le plus possible.

Quant à la conjugaison, il faut la vérifier souvent aussi. Le subjonctif présent se forme avec les terminaisons: *–e, –es, –e, –ions, –iez, –ent* (sauf pour *avoir* et *être*) ajoutées à un radical mais parfois différent de celui de l'indicatif.

Avoir	Être
que j'aie	que je sois
que tu aies	que tu sois
qu'il / elle / on ait	qu'il / elle / on soit
que nous ayons	que nous soyons
que vous ayez	que vous soyez
qu'ils / elles aient	qu'ils / elles soient

1 **Écrivez les verbes au présent du subjonctif et repérez bien les expressions utilisées.**

ab initio

1 Se battre ➜ il ne faut pas que vous _____
2 Courir ➜ il est possible que tu _____
3 Dormir ➜ il serait bon que nous _____
4 Se servir ➜ il est souhaitable que vous _____
5 Revenir ➜ il est exclu que Karine _____
6 Plaire ➜ je ne pense pas que ce blouson lui _____

2 **Vous rêvez de refaire la décoration de votre chambre. Laissez-vous aller à rêver en mettant les verbes de votre rêve au subjonctif.**

NM

Je voudrais acheter un pot de peinture d'une couleur qui (1) _____ (être) lumineuse et chaude. J'aimerais que la moquette (2) _____ (aller) avec la couleurs des murs. Maman me fabriquerait des rideaux à fleurs qui (3) _____ (égayer) la pièce même quand il fait sombre. Je mettrais des coussins sur mon lit afin que personne ne (4) _____ (dire) que ma chambre n'est pas accueillante. Il faut que rien ne (5) _____ (être) triste. Je ne pense pas que je (6) _____ (vouloir) être déprimée à cause des couleurs. Je veux que ma chambre soit la plus colorée que mes copines (7) _____ (connaître).

3 Choisissez la phrase au subjonctif puis expliquez les autres phrases.

NM 1 Qu'elle approche, je ne vais pas la manger. / Approche, je ne vais pas te manger. / Tu peux approcher, je ne vais pas te manger.

_____

_____

2 C'est bien quand tu fais ça. / C'est bien qu'elle fasse ça! / C'est bien de faire ça.

_____

_____

3 Nous voulons qu'il vienne ici. / Dis-lui de venir ici. / Viens-ici!

_____

_____

4 Peu importe ce que tu fais, je pense à toi. / Fais comme tu veux, je pense à toi. / Quoi que tu fasses, je pense à toi.

_____

_____

> Le **subjonctif passé** est un temps composé formé de l'auxiliaire _avoir_ ou _être_ au subjonctif présent et le participe passé du verbe cible. Il s'utilise surtout dans les subordonnées et exprime les mêmes nuances que le subjonctif présent. Il présente souvent une action antérieure à celle de la proposition principale: _Le gouvernement avait peur que l'inflation **ait augmenté**_. Le choix de l'auxiliaire est le même que pour le passé composé.

4 Inventez des phrases en utilisant le subjonctif passé.

NS 1 L'ONU avait peur que

_____

2 Il est probable que l'action humanitaire

_____

3 Pourvu que les naufragés

_____

4 Tu peux toujours attendre que

_____

5 Ne vous attendez pas à ce qu'il

_____

6 Je suis étonnée que

_____

7 Nous regrettons que

_____

8 Ils avaient souhaité que

_____

9 Les organisations caritatives étaient désolées que

_____

10 Il semblait important que le ministre de l'environnement

_____

18 Le subjonctif ou l'indicatif

... Qu'il vienne!... Qu'elle sorte!... Qu'il aille au concert s'il le désire... ou bien même qu'il parte en vacances si ça lui plaît!... Qu'elle finisse ses études surtout! Mais je suis persuadée qu'il sait ce qu'il faut faire!

Voir *French B for the IB Diploma* Second Edition: Grammaire, page 360

L'utilisation du subjonctif est parfois compliquée. Toutes les expressions suivies de *que* ne sont pas nécessairement des expressions utilisant le subjonctif. Il est nécessaire d'en connaître et d'en utiliser régulièrement le plus possible.

Attention, certains verbes, notamment *avoir*, ont des formes homophones à l'indicatif et au subjonctif, par exemple *j'ai* (ind.), *j'aie* (subj.).

1 **Soulignez les verbes qui sont au subjonctif présent.**

1 J'espère que tu joues bien du piano.

2 Il faut que vous arriviez à l'aéroport à 13 heures.

3 Nous voulons absolument que vous veniez dans notre maison de campagne pendant les vacances scolaires.

4 Je voudrais que nous allions à cette conférence ensemble.

5 On m'a dit que vous adoriez la Provence.

6 En voyant nos valises, Richard a vu que nous partions.

7 Je vais l'inscrire au conservatoire pour qu'elle joue d'un instrument de musique.

8 Comme il danse bien!

9 Qu'elle vienne!

10 Il est nécessaire que nous passions nos vacances avec nos amis cette année.

2 **Quiz: subjonctif ou indicatif? Choisissez la bonne réponse.**

1 Malgré que tu <u>lises / lis</u> la musique, tu ne joues pas d'un instrument.

2 Il faut que vous <u>choisissiez / choisissez</u> la bonne réponse.

3 Elle a peur que les limaces <u>aient / ont</u> mangé les salades du jardin.

4 Les leçons se passent bien, sauf que je n'<u>apprenne / apprends</u> rien.

3 **Conjuguez les verbes entre parenthèses à l'indicatif présent ou au subjonctif présent.**

1 Demande-lui qu'il _____ (venir).

2 Elle passe toujours chez nous quand elle _____ (avoir) le temps.

3 Le fait que vous _____ (être) en retard va les mettre en colère.

4 Tu devrais téléphoner à tout le monde pour qu'il n'y _____ (avoir) aucun malentendu.

5 Je ne quitte pas cette pièce tant que tu ne me le _____ (dire) pas.

6 Je ne quitterai pas cette pièce avant que tu me le _____ (dire).

7 Maman t'accompagnera pour que tu ne _____ (être) pas dépaysée.

8 J'ai peur qu'il y _____ (avoir) du brouillard.

9 Il est inutile que vous _____ (amenez) vos cahiers demain.

10 Je ne pense pas qu'il _____ (venir) ce soir.

4 **Complétez les phrases avec *aie, aies, ait, aient, ai.***

NM
1 Il est embêtant qu'il y _____ une crevaison à mon vélo.

2 Il est temps que tu _____ plus de responsabilités au travail.

3 Pour connaître le nom de cet acteur, j'_____ regardé sur Internet.

4 Il se peut que ces vêtements _____ rétréci au séchage.

5 Il y a des chances pour que j'_____ une mauvaise note à l'oral individuel.

5 **Mettez les verbes au temps et au mode qui convient.**

NM
1 Bien que j'en _____ (avoir) l'opportunité, je n'ai jamais visité le château de Chenonceau.

2 Je ne suis pas certain qu'il _____ (savoir) de quoi il parle.

3 Je n'_____ pas _____ (avoir) à regretter l'achat de cette voiture; ses performances sont remarquables.

4 Je pense qu'elle _____ (savoir) de quoi elle parle.

5 Comment se fait-il que la famille de mon cousin Stéphane n'_____ jamais _____ (être) recensée?

6 Je suis sûre qu'ils _____ (courir) plus vite que toi.

7 Je ne crois pas qu'ils _____ (courir) plus vite que toi.

6 **Mettez les verbes des phrases suivantes au présent de l'indicatif ou au présent du subjonctif selon la nécessité.**

NS
1 Je suis persuadée qu'elle _____ (savoir) sa poésie par cœur.

2 Voulez-vous qu'elle _____ (aller) chez l'épicier avant qu'il ne _____ (être) trop tard et qu'il ne _____ (fermer)?

3 Il faut absolument que vous _____ (dire) au commissaire ce que vous _____ (savoir) sur l'incident d'hier.

4 Il est intéressant que nous _____ (pouvoir) assister à cette conférence sur Louis Malle, vu que nous _____ (étudier) deux de ces films en ce moment.

5 Dites-lui qu'il ne _____ (pédaler) pas trop vite sur la grande route et qu'il _____ (attendre) en arrivant au carrefour.

6 Nous espérons qu'elles _____ (être) satisfaites de leur séjour jusqu'à maintenant.

7 Tous ses profs souhaitent qu'il _____ (réussir) à ses examens et qu'il _____ (obtenir) de bons résultats. Il le mérite!

7 **Corrigez les phrases suivantes si nécessaire.**

NS
1 C'est bien que tu fais ça.

2 Il est possible qu'il faille l'opérer d'urgence.

3 Il est temps que j'aille me coucher.

4 Je pense que vous arriviez demain.

5 Je doute qu'il veut faire du canoë.

6 J'ai peur que vous fassiez une erreur.

7 Je sens que je sois malade.

19 L'impératif

Voir *French B for the IB Diploma* Second Edition: Grammaire, pages 360 et 361

> Charlotte, quand est-ce que tu vas faire tes devoirs?

> Maman, tu sais bien que je dois d'abord me reposer vu que je viens juste de finir les cours!

> Ne perds pas trop de temps quand même!

> Ne t'inquiète pas, je sais ce que je dois faire tu sais.

> Tu as tendance à faire l'autruche donc prends-toi en main et commence le plus tôt possible!

L'impératif est utilisé pour donner des ordres, interdire mais aussi donner des conseils.

La **forme affirmative** de l'impératif se forme en utilisant:
- la forme *tu* du verbe: *finis / fais / parle*. Attention, pour les verbes en *–er* on ne laisse pas le *–s*
- la forme *nous* du verbe: *finissons / faisons / parlons*
- la forme *vous* du verbe: *finissez / faites / parlez*

Attention, il existe quatre **verbes irréguliers**:

Être	sois / soyons / soyez
Avoir	aie / ayons / ayez
Savoir	sache / sachons / sachez
Vouloir	veuillez (surtout utilisé sous cette forme dans la correspondance écrite formelle)

La **forme négative** de l'impératif se forme comme suit:
- Comme pour toutes les formes négatives, les deux mots formant la négation se placent autour du verbe: *Ne finis pas immédiatement / Ne faisons aucun bruit / Ne parlez jamais de ça*

---

1 **Conjuguez les verbes à l'impératif (conseils donnés aux étudiants de l'IB).**

Exemple: *Aimez* (aimer) les matières que vous étudiez. Vous les ferez mieux.

1 _____ (lire) d'abord les exercices avant de lire les textes.

2 _____ (chercher) le point commun entre tous les textes à votre disposition.

3 _____ (ne pas décider) trop vite du choix de type de texte.

4 _____ (prendre en compte) toutes les possibilités et _____ (évaluer) les caractéristiques typiques de chaque type de texte.

5 _____ (souligner) les mots-clés dans l'énoncé de l'épreuve écrite et _____ (se rappeler) de les réutiliser dans la rédaction.

L'impératif et les **verbes pronominaux**:
- Forme affirmative: *habille-toi / reposons-nous / levez-vous*. Attention: n'oubliez pas le trait d'union (-) entre les verbes et les pronoms à la forme affirmative.
- Forme négative: *ne t'habille pas / ne nous reposons pas / ne vous levez pas*

2 Conjuguez les verbes pronominaux à l'impératif.

1 William, _____ (se réveiller); il est 6 heures!

2 Victor, _____ (aller) dans la salle de bains en premier; ton frère n'est pas encore levé.

3 William, _____ (se lever) maintenant. Tu vas être en retard et tu n'auras pas le temps de manger!

4 _____ (passer) dans la salle de bains après Victor, s'il-te-plaît.

5 Les enfants _____ (s'habiller); j'ai préparé vos vêtements.

6 Puis _____ (descendre) prendre le petit-déjeuner.

7 _____ (se laver) les dents et _____ (ne pas traîner) en chemin.

L'impératif et les pronoms:
- Forme affirmative: *range-moi ça / finissons-les / parlez-en (parles-en!) / allez-y*
- Forme négative: *ne me fatigue pas / ne lui dites rien / n'en mange plus / n'y allons pas*

---

3 Mettez les verbes à l'impératif (forme singulière) sans oublier les pronoms.

Exemple: Manger des bonbons → *Manges-en*

1 Cueillir des pommes → _____

2 Raconter des salades → _____

3 Aller à la montagne → _____

4 Utiliser l'ordinateur → _____

5 Regarder la télé → _____

6 Nourrir les poissons rouges → _____

7 Ne pas oublier la clé → _____

8 Parler à sa grand-mère → _____

4 Soulignez dans le texte les verbes à l'impératif.

Scapin fait croire à Géronte qu'on le recherche pour le tuer et lui conseille de se cacher dans un sac.

> SCAPIN: Prenez garde, voici une demi-douzaine de soldats tout ensemble. «Allons, tâchons de trouver ce Géronte, cherchons partout. N'épargnons point nos pas. Courons toute la ville. N'oublions aucun lieu. Visitons tout. Furetons de tous côtés. Par où irons-nous? Tournons par là. Non, par ici. À gauche. À droite. Nenni. Si fait.» [À Géronte avec sa voix ordinaire] Cachez-vous bien. «Ah, camarades, voici son valet. Allons, coquin, il faut que tu nous enseignes où est ton maître. —Eh, messieurs ne me maltraitez point. —Allons, dis-nous où il est; parle. Hâte-toi. Expédions. Dépêche vite. Tôt...» [Géronte met doucement la tête hors du sac et aperçoit la fourberie de Scapin]
>
> Molière, *Les Fourberies de Scapin*, 1684

Indiquez les personnes des verbes, leur nombre et leur infinitif. Quelle nuance expriment-ils?

Il faut que tu nous enseignes: à quel mode et à quel temps est le verbe *enseignes*? Transformez cette phrase en utilisant l'impératif.

Corrigés (Answers): www.hoddereducation.com/IBextras

20 Les constructions impersonnelles

Voir *French B for the IB Diploma* Second Edition: Grammaire, page 360

... Il s'agit de vous raconter comment se passe mon séjour au Québec. Voilà, hier il a plu et il a fait froid donc je n'ai pas fait grand-chose. En vacances, il est important de pouvoir se déplacer et donc d'avoir la météo de son côté!!... Oui enfin, je disais que... Il y a trois jours que je suis arrivée et déjà il me semble que j'ai fait le tour des attractions principales! Pourvu que demain il fasse beau! Rendez-vous demain! Au revoir...

Les **verbes impersonnels** ont pour sujet le pronom personnel neutre: *il* ou bien *ce* (attention: l'utilisation de *ce* a tendance à être réservée au registre courant voire familier) et sont toujours au singulier:
- *Il est agréable de se promener dans les bois.*
- *C'est agréable de se promener dans les bois.*

Certains verbes ne s'utilisent qu'à la forme impersonnelle:
- *Il pleut / Il neige,* etc.

La construction impersonnelle est quelquefois l'alternative, d'un registre plus soutenu, à une construction personnelle:
- *Je dois partir.* → *Il faut que je parte.*

Le **participe passé** des verbes impersonnels est toujours invariable: *Il est **arrivé** une catastrophe.*

1 Complétez avec une construction impersonnelle.

1 En hiver, au Canada, _____ très froid.
2 Attention: _____ du vent, ton chapeau va s'envoler.
3 J'adore quand _____ à Noël parce que j'adore le ski.
4 Les escargots sortent toujours quand _____ . Ils adorent l'humidité.
5 En Hollande, quand _____ , on peut faire du patin sur les canaux.
6 Tu as vu l'heure! _____ déjà tard!
7 _____ visiter Paris une fois dans sa vie.
8 Dans cette université, _____ environ 10.000 étudiants.

2 Choisissez les phrases qui présentent des constructions impersonnelles.

1 Il est dommage que Valérie ait fait tant de fautes à l'examen.
2 Il semble qu'il va pleuvoir demain.
3 Il est déçu de ne pas être resté à l'atelier de langues.
4 Il s'agit de faire attention aux étudiants en difficulté.
5 Il vaut mieux téléphoner à ta tante pour lui dire que nous serons en retard.
6 Il est heureux de rester chez lui pendant les vacances de Pâques.
7 Il semble apprécier les recherches faites sur ce dossier.
8 Il est important que tous les jeunes puissent s'exprimer.
9 Il faut travailler dur pour l'IB.
10 Il est surpris de ne pas avoir de devoirs ce soir.

3 Complétez les phrases avec une construction impersonnelle (il y a parfois plusieurs possibilités; essayez de varier vos réponses).

1 Laura a de mauvaises notes en biologie. _____ qu'elle progresse avant de passer au niveau supérieur.
2 Mon train arrive à 20 h 30 à la gare Saint Lazare et je dois être à 21 h 00 à l'opéra Garnier; _____ que je sois en retard.

3 Jean et Nicole ne faisaient que de se disputer. _____ qu'ils aient décidé de divorcer.

4 Dans beaucoup de pays européens, _____ de fumer dans les lieux publics.

5 Quand on veut mener une vie saine, _____ manger équilibré et faire du sport.

4 **Dans ce bulletin météo, remplacez les constructions personnelles par des tournures impersonnelles.**

(NM)

Demain, le temps sera froid et maussade sur à peu près toute la France, mais la neige tombera surtout sur les reliefs montagneux au-dessus de 1000 m. Dans l'après-midi, les températures remonteront un peu et le vent se lèvera notamment sur le littoral breton et les côtes normandes. En fin de journée, la grêle tombera sur l'Alsace et la Lorraine. Dans la nuit, les températures resteront positives sur la plupart du territoire mais fléchiront au-dessous de zéro dans les plaines exposées au vent glacial. Au cours du week-end, attendez-vous à une hausse des températures grâce au retour du soleil avec peut-être même des pointes au-dessus des normales de saison. Toutefois le retour du soleil amènera des brouillards matinaux suivis de gelée au sol. Attention les jardins!

_____

_____

_____

_____

_____

5 **Transformez les phrases selon le modèle.**

(NS)

Exemple: Apprendre une nouvelle langue étrangère, c'est utile.

Il est utile d'apprendre une nouvelle langue étrangère.

1 Savoir nager, c'est indispensable.

_____

2 Arriver à l'heure, c'est plus poli.

_____

3 Ne faire aucun exercice physique, c'est lamentable.

_____

4 Elle partira en vacances avec nous, c'est probable.

_____

5 Il réussira à l'examen, c'est sûr.

_____

6 Il y aura un remaniement ministériel, c'est inévitable.

_____

7 Tu n'as rien écouté, c'est évident.

_____

8 Tu dois finir ce travail, c'est urgent.

_____

21 Les verbes pronominaux (ou réfléchis)

Voir *French B for the IB Diploma* Second Edition: Grammaire, page 360

— Salut Pierre! Souvenons-nous que tu as gagné une médaille en snowboard aux derniers jeux d'hiver mais dis-nous comment tu te prépares.

— J'essaie de mener une vie saine, ce qui n'est pas toujours facile! Je dors bien, je me lève tôt par contre pour m'entraîner à la salle de sport. Ensuite je cours, je m'alimente sainement le midi (des fruits, des légumes mais aussi des sucres lents), je me couche tôt également — c'est très important pour mon équilibre.

— Ça n'a pas l'air drôle tout ça!

— C'est une vie de sportif de haut niveau; c'est vrai qu'il y a des moments solitaires mais je m'amuse aussi, ne vous inquiétez pas!!

Les **verbes pronominaux** (ou **réfléchis**) sont des verbes toujours accompagnés d'un pronom personnel représentant le même sujet:
- *Virginie **se** promène.*
- *Nous **nous** promenons.*

Ils peuvent se conjuguer à n'importe quel temps. Aux temps composés du passé, ils sont toujours conjugués avec l'auxiliaire *être* (ne pas oublier l'accord du participe passé):
- *Nous nous **sommes** promenés.*

Les verbes essentiellement pronominaux sont ceux dont on ne pourrait pas enlever *se*; par exemple: *s'évanouir / se souvenir (de) / se suicider*, etc.

On peut aussi rendre pronominaux la plupart des verbes; mais cela change le sens:
- *imaginer → s'imaginer*
- *laver → se laver*
- *permettre → se permettre (de)*

---

1 Conjuguez les verbes entre parenthèses au présent.

1 Les enfants _____ (se coucher) un peu plus tard en France qu'en Grande-Bretagne.

2 Vous _____ -vous (se souvenir) des jeux Olympiques de Montréal en 1976?

3 _____ -nous (se retrouver) demain à 17 heures devant la cathédrale Notre Dame.

4 Le soleil _____ (se lever) toujours à l'est.

5 Martine _____ (s'apercevoir) qu'elle a perdu son porte-monnaie probablement en marchant.

6 Je _____ (ne pas se passer) de mes céréales et mon bol de lait le matin.

7 Les garçons! Pourquoi _____ (ne pas se laver) les mains avant de déjeuner?

8 Ils _____ (ne pas s'imaginer) le taux de pollution en ce moment en ville!

2 Écrivez un paragraphe concernant votre routine quotidienne quand vous allez au lycée; utilisez au moins cinq verbes pronominaux, comme par exemple: *se réveiller, se lever, se doucher, s'habiller, s'en aller, se laver, se maquiller, se coiffer, se souvenir, se dépêcher*, etc.

_____

_____

_____

3 Mettez les verbes entre parenthèses au temps convenable.

NM

1 Les animaux _____ (s'enfuir) devant l'incendie.

2 Dès que la leçon se terminera, les étudiants_____ (se disperser).

3 Près de la maison _____ (s'étendre) un lac où il y avait beaucoup de carpes.

4 Ils _____ (se rendre) en Grèce l'été dernier pendant les grandes vacances.

5 L'année dernière je _____ (se perdre) dans Marseille et mes parents _____ (se faire) beaucoup de soucis.

6 Quand j'étais enfant, les jours _____ (s'écouler) lentement.

4 Dans quelles phrases pouvez-vous remplacer le couple de pronoms *il se* par *je me*? Attention, dans certaines phrases vous devrez changer plus que le pronom du début.

NM

1 Il se trouve injustement traité pas son directeur.

2 Il se trouve que j'ai rencontré Bettina à Carrefour.

3 Il se fait tard et je n'aime pas rentrer la nuit.

4 Il se fait chaque soir un chocolat chaud qui l'aide à s'endormir.

5 Il s'est mis en quatre pour nous faire plaisir.

6 Il s'est mis à neiger juste au moment où nous allions sortir.

5 Remplacez les verbes des phrases par le verbe pronominal de sens passif correspondant (de plus en plus employé dans le français parlé).

NS

Exemple: On voit le mont Blanc depuis la fenêtre de ma chambre.

Le mont Blanc se voit depuis la fenêtre de ma chambre.

1 On n'entend pas les avions de chez toi.

_____

2 On boit de la bière en mangeant la choucroute.

_____

3 On boit toujours les vins rouges à température ambiante.

_____

4 En France on sert le fromage avant le dessert.

_____

5 La cabane de jardin préfabriquée a été construite en quelques heures.

_____

6 Les langues régionales sont de plus en plus employées de nos jours.

_____

7 Les poèmes de Brassens sont souvent chantés avec un accompagnement de guitare.

_____

22 Les participes passés et présents (et gérondifs)

Voir *French B for the IB Diploma* Second Edition: Grammaire, pages 357 et 358

Le **participe passé** présente une action accomplie et donc antérieure à une autre:
- *Ayant **fini** de prononcer son discours, il est sorti de la salle.*

Il peut aussi s'employer comme adjectif et suit ainsi les mêmes règles d'accord:
- *Le discours **prononcé**, il est sorti de la salle.*

Il est aussi employé dans les temps composés avec *avoir* ou *être*.

Le **participe présent** exprime une action non accomplie et simultanée par rapport à une autre:
- ***Prononçant** ces paroles, elle est sortie.*

Il se forme en enlevant *–ons* de la première personne du pluriel au présent et en ajoutant *–ant*.

Le **gérondif** présente une action dans son déroulement, simultanée par rapport à l'action principale. Il est toujours accompagné de *en*:
- ***En travaillant** dur, tu auras ton diplôme.*

1 Complétez les phrases avec le participe passé du verbe entre parenthèses (attention aux accords).

1 Le spot publicitaire est _____ (intervenir) en plein suspens.
2 Comme il pleuvait trop, les marcheurs sont _____ (rentrer) en toute hâte.
3 Mes parents se sont _____ (plaire) aux Baléares.
4 Les grilles du château se sont _____ (refermer) toutes seules.
5 Stéphanie a _____ (laisser) brûler le poulet dans le four.
6 À la brocante, nous sommes _____ (tomber) par hasard sur un vieux tableau.
7 En vacances, nous sommes _____ (rester) au soleil des journées entières.
8 Martine a _____ (pouvoir) finir son travail à temps.
9 Ils ont _____ (chasser) les ours dans les Pyrénées.
10 Hier en classe, Laurence a _____ (perdre) son stylo.

Le **participe passé** employé avec l'auxiliaire *avoir* s'accorde en genre et en nombre avec le complément d'objet direct, si, dans la phrase, celui est placé avant le participe:
- *Sa carte bancaire, Mme Duval l'a perdue pendant les vacances.*

2 Écrivez les verbes entre parenthèses au passé composé.

NM

1 La veste que vous _____ (choisir) se lave très facilement.

2 Les prix que nous _____ (voir) sont en baisse.

3 Les voitures _____ (démarrer) dans un nuage de fumée épouvantable.

4 Les poulets que les chefs _____ (préparer) sont des poulets fermiers élevés en plein air.

5 La nouvelle que Rachel _____ (annoncer) à Gilles l'a contrarié.

6 Les nappes que nous _____ (acheter) seront utilisées dehors.

7 Elles observent les fleurs qu'elles _____ (trouver).

3 Transformez les phrases de manière à utiliser le participe présent.

NM

Exemple: Les élèves qui ne sont pas équipés correctement seront renvoyés chez eux.

Les élèves n'étant pas équipés correctement seront renvoyés chez eux.

1 Ceux qui ne donnent pas leurs devoirs à temps n'auront pas de délai supplémentaire.

_____

2 Les étudiants qui fument dans les locaux scolaires seront suspendus.

_____

3 Les élèves qui participent à un club devront présenter leur activité devant l'école.

_____

4 Ceux qui ne redonnent pas leurs livres de bibliothèques devront payer une amende.

_____

4 Mettez à la forme appropriée (participe présent ou gérondif) les infinitifs entre parenthèses.

NS

1 Elle a été renversée par un camion _____ (traverser) le passage piéton.

2 C'était une élève douce et _____ (obéir), _____ (dire) peu, mais _____ (rendre) toujours service.

3 Cette vendeuse n'est pas très _____ (sourire).

4 Ce n'est pas _____ (râler) que vous obtiendrez gain de cause.

5 Les spectateurs regardaient le comique sur scène _____ (éclater de rire).

6 «C'est _____ (forger) qu'on devient forgeron.»

7 Je me suis endormie _____ (travailler) trop tard.

8 Il fait une chaleur _____ (suffoquer).

9 Passer ses vacances à se faire bronzer, ce n'est pas trop _____ (fatiguer).

10 La semaine _____ (précéder), elle était au lit, malade.

23 Les verbes modaux (ou auxiliaires modaux)

Julie, tu peux m'accompagner chez le dentiste demain, j'ai vraiment trop peur!

Ah non Anne, je suis désolée, si tu me l'avais demandé avant, j'aurais pu, mais j'ai moi-même rendez-vous chez le médecin!

Tant pis, je devrai y aller toute seule! Je veux quand même te remercier de m'accompagner d'habitude; je ne sais pas ce que je ferais sans toi!

Les **verbes** (ou auxiliaires) **modaux** peuvent s'utiliser à n'importe quel temps et sont suivis d'un infinitif (qui donne le sens):
- *Devoir* pour exprimer une **obligation**: *Je dois terminer mon travail le plus tôt possible.*
- *Il faut* pour exprimer une **obligation générale** sans référence à une personne en particulier: *Il faut terminer notre travail le plus tôt possible.*
- *Il faut* est très souvent en français suivi de *que* et du **subjonctif**: *Il faut que je finisse ce travail rapidement.*
- *Pouvoir* pour exprimer une **possibilité** ou **impossibilité**: *Nous ne pouvons pas vous rendre visite cette année.*
- *Pouvoir* pour exprimer une **permission**: *Puis-je emprunter ce DVD?*
- *Vouloir* pour exprimer un **souhait**. Il s'utilise avec un infinitif: *Je ne veux pas aller en vacances cette année.*
- *Vouloir* + **subjonctif** quand on veut que quelqu'un d'autre fasse quelque chose: *Je veux qu'il finisse son travail.*
- *Veuillez* pour indiquer une extrême **politesse** (comme à la fin d'une lettre formelle): *Veuillez agréer...*

1 Complétez les phrases en conjuguant les verbes entre parenthèses au temps qui convient.

(ab initio)

1 Nous _____ (devoir) terminer la peinture de la salle à manger avant ce soir.

2 Est-ce que tu _____ (pouvoir) fumer dans un restaurant français?

3 Quand nous étions enfants, nous _____ (devoir) prendre nos repas en silence.

4 Les enfants, vous _____ (vouloir) aller au parc jouer au foot?

5 Hier, j'_____ (devoir) aller chez le dentiste en urgence.

6 Est-ce que tu _____ (pouvoir) m'accompagner à mon rendez-vous à l'hôpital? (formule polie)

7 Si ça continue comme ça, je ne _____ (pouvoir) pas aller en vacances cet été.

8 Est-ce que vous _____ (pouvoir) faire les courses que je vous avais demandées?

9 Quand ils seront de retour à l'école, ils _____ (devoir) travailler encore plus pour rattraper le temps perdu.

2 Conjuguez les verbes *devoir* ou *pouvoir* au temps indiqué.

(NM)

1 Ma femme _____ (conditionnel passé) venir à cette réception ce soir, mais elle n'_____ (passé composé).

2 Elle _____ (conditionnel passé) venir: elle n'a rien à faire à la maison.

3 Elle a dit qu'elle ne _____ (imparfait) pas venir, parce qu'elle _____ (imparfait) travailler sur son livre.

4 À mon avis, cela _____ (conditionnel passé) être retardé un peu jusqu'à demain!

5 Elle ne _____ (conditionnel) pas être aussi impolie.

3 Transformez la phrase de départ en la mettant en doute.

(NM) Exemple: Mon fils a peint ce superbe tableau.

Pas possible! Il n'a pas pu le peindre seul!

1 C'est ma fille qui a écrit cette dissertation.

_____

2 Ce sont mes enfants qui ont cuisiné ce succulent déjeuner.

_____

3 C'est ma petite-fille qui a réparé la crevaison de ce vélo.

_____

4 C'est moi qui ai fait cette esquisse au fusain.

_____

5 C'est ma sœur qui a enregistré cette chanson.

_____

6 Ce sont mes parents qui ont payé ce séjour de rêve.

_____

4 Utilisez les situations données pour former des questions en employant un
verbe modal. Il peut y avoir une variété de possibilités – une est suffisante.

(NS) Exemple: passer le sel → *Pourriez-vous me passer le sel, s'il vous plaît?*

1 aller au cinéma cet après-midi

_____

2 prendre le train

_____

3 aller au ski l'hiver prochain

_____

4 travailler dans le jardin au lieu de dormir

_____

5 ne pas lire les livres demandés

_____

5 Inventez neuf phrases concernant l'environnement en utilisant les
expressions fournies ainsi que des verbes modaux.

(NS) Exemple: réduire la pollution

La pollution pourrait être réduite en introduisant la circulation alternée.

> recycler les déchets   rouler en véhicules non-polluants   construire des véhicules électriques
> diminuer les émissions de gaz à effet de serre   offrir au public des pistes cyclables
> ne pas construire sur des terrains inondables

1 _____

2 _____

3 _____

4 _____

5 _____

6 _____

Corrigés (Answers): www.hoddereducation.com/IBextras

24 La négation

Voir *French B for the IB Diploma* Second Edition: Grammaire, page 361

Tu as téléphoné à Daniel hier?

Il m'a dit que tu lui avais envoyé un texto.

Alors d'où elle vient cette information?

Non je t'assure je ne lui ai pas téléphoné!

Sûrement pas, il divague, je ne lui ai rien envoyé du tout!

Je crois que c'est Tiffanie qui a mal compris. Je ne lui dirai jamais plus rien à celle-là, si c'est comme ça qu'elle garde un secret, merci bien!!

La **négation** peut porter sur divers éléments d'une phrase: nom, verbe, adjectif, etc. La négation est obtenue très généralement par la présence d'un adverbe de négation. Puis certains mots ont, intrinsèquement, un sens négatif:

- **ne + adverbe**: *pas, point, guère, plus, jamais, nullement, aucunement, nulle part*
- **ne + déterminant**: *aucun, nul*
- **ne + pronom indéfini**: *personne, rien, aucun.* Attention, quand on répond à une question on peut quelquefois avoir à utiliser le pronom défini en première place: ***Personne** ne me connaît.*
- **ne + que**
- **ni… ni**
- **non**: peut s'employer seul ou porté sur un nom: *un **non**-lieu*
- **sans**: peut exprimer à lui seul une négation
- **préfixes négatifs**: *a–, dis–, in–* et *mé–*: *asocial, **dis**harmonie, **in**tolérance, **mé**content*

 1 **Répondez de façon négative.**

Exemple: Vous buvez quelque chose?

Non, je ne bois rien.

1 Vous connaissez quelqu'un ici?

_____

2 Vous avez vu quelque chose d'original?

_____

3 Vous sortez souvent le soir?

_____

4 Vous avez reconnu quelqu'un?

_____

 2 **Transformez les phrases.**

Exemple: Elle travaille le week-end: elle ne veut pas manquer d'argent.

Elle travaille le week-end pour ne pas manquer d'argent.

1 Ils étudient tous les soirs: ils ne veulent pas échouer à leurs concours.

_____

2 Il ne va pas au ciné avec ses copains: il ne veut pas être trop fatigué.

_____

3 Elle est toujours à l'heure aux leçons: elle ne veut pas déranger ses profs.

_____

4 Il se fait des fiches de révision: il ne veut pas perdre de temps.

_____

 3 **Répondez avec *ne… que*.**

Exemple: Tu fais beaucoup de sport? (athlétisme)

Non, je ne fais que de l'athlétisme.

1 Tu lis beaucoup la presse écrite? (*Libération*)

_____

2 Elles apprennent plusieurs langues? (italien)

_____

3 Il joue de plusieurs instruments de musique? (clarinette)

_____

4 Tu regardes beaucoup la télé? (informations)

_____

4 Mettez les phrases suivantes à la forme affirmative.

NM **1** N'avez-vous pas entendu parler de ce film?

_____

2 On n'a pas vu vos panneaux sur la route.

_____

3 Antoine ne voulait pas venir sans être invité.

_____

4 Qu'elle ne dise surtout pas la vérité à son petit frère!

_____

5 Il ne pensait pas être appelé au téléphone ce jour-là.

_____

5 Complétez les phrases avec la forme négative qui convient.

NS
> à peine   ne… guère   ne… jamais   ne… ni… ni   ne… pas
> ne… plus   ne… point   ne… que   ne… rien

1 Songeant à l'avenir, quand les plus jeunes _____ s'attachaient _____ au présent, ils s'entretenaient souvent à ce sujet. (*Deux ans de vacances*, Jules Verne)

2 Sa plus jeune sœur, Blanchefleur, _____ était _____ encore mariée. (*Tristan et Iseult*)

3 Du dehors, la maison _____ avait l'air de _____ (*Tartarin de Tarascon*, Alphonse Daudet)

4 _____ on _____ se serait cru devant la demeure d'un héros. (*idem*)

5 Ma mère dit qu'il _____ faut _____ gâter les enfants, et elle me fouette tous les matins. (*L'Enfant*, Jules Vallès)

6 Si l'étranger porte le fer en France, vous _____ êtes _____ à mes yeux cette Reine faussement inculpée, mais une implacable ennemie des Français. (Olympe de Gouges)

7 Ce premier lundi du mois d'avril 1625, les bourgeois, entendant du bruit, et _____ voyant _____ le guidon jaune et rouge, _____ la livrée du duc de Richelieu, se précipitèrent du côté de l'hôtel du Franc Meunier. (*Les Trois Mousquetaires*, Alexandre Dumas)

8 Il y avait _____ deux jours que la dernière cavalcade de ce genre avait fait son entrée à Paris. (*Notre Dame de Paris*, Victor Hugo)

9 Je _____ avais _____ été, jusqu'alors, courir dans les rues avec les gamins du bourg. (*Le Grand Meaulnes*, Alain Fournier)

10 Événements si sensationnels qu'il _____ est _____ téméraire d'affirmer ici qu'un aussi court laps de temps n'avait pu faire oublier le fameux Mystère de la Chambre Jaune. (*Le Parfum de la Dame en noir*, Gaston Leroux)

25 Les prépositions

Au mois d'avril, les citoyens du Québec éliront un nouveau gouvernement après une campagne électorale haute en couleurs, pendant laquelle les adversaires ont essuyé de nombreux «coups». Une campagne qui a tourné autour de trois thèmes: l'autonomie du Québec, la laïcité de l'État et l'incorruptibilité des personnages politiques alors même que des doutes ont plané sur le financement des partis.

Voir *French B for the IB Diploma* Second Edition: Grammaire, page 357

Une **préposition** est un mot invariable qui ne peut pas être supprimé dans une phrase. Elle introduit dans la phrase un élément qui devient dépendant d'un autre élément.

Les prépositions les plus communes en français sont:
- à
- dans / en
- de
- par
- pour
- sur

Voici un tableau d'autres prépositions que vous êtes susceptibles de rencontrer:

à cause de	au-dessus de	dès	loin de
à côté de	au lieu de	devant	malgré
à droite de	au milieu de	de l'autre côté de	parmi
à gauche de	au moyen de	du côté de	pendant
à la fin de	au sujet de	en face de	près de
à l'aide de	autour de	en haut de	sans
après	avant	entre	sauf
d'après	avec	envers	selon
au bord de	chez	grâce à	sous
au bout de	contre	hors de	vers
au centre de	depuis	jusqu'à	
au-dessous de	derrière	le long de	

1 Complétez les phrases avec la préposition la plus appropriée.

> à   à côté   dans   de   en   grâce à   sous   sur

1 Au cinéma, j'étais placée _____ d'Éva.
2 Prends un gâteau _____ ta grand-mère.
3 C'est _____ moi que l'on a gagné la partie!
4 Il est venu chanter _____ ma fenêtre.
5 On a une vue imprenable _____ les remparts de Carcassonne.
6 _____ le tapis, il y avait une grosse araignée.
7 Elle n'a pas envie d'aller _____ Rio.
8 Quand elle aura assez d'argent, elle ira _____ Grèce.
9 Amène-moi les clés qui sont _____ le tiroir.

2 Complétez les phrases avec une préposition.

NM

1 Citez un roman _____ Albert Camus, s'il-vous-plaît!

2 On appelle les immigrés illégaux des «_____-papiers».

3 Mes amis ont vécu _____ Portugal _____ 10 ans.

4 La fête nationale _____ France est le 14 juillet et commémore la prise _____ la Bastille.

5 La bibliothèque se trouve _____ la cathédrale et la salle des fêtes.

6 _____ le centre-ville, on peut voir des musées gratuits _____ public.

7 Hier je suis allée faire une promenade _____ bateau-mouche _____ la Seine.

8 Bon nombre de Corses vont faire leurs courses _____ le continent.

3 Complétez les phrases avec *a* (un verbe) ou *à* (une préposition).

NM

1 Elle _____ dit qu'elle n'irait pas _____ Toulouse.

2 L'_____-t-il entendu parler _____ quelqu'un?

3 _____ cette heure-là, ils ne trouveront personne _____ qui parler.

4 Lydia _____ affirmé _____ l'inspecteur qu'elle était encore _____ Lyon _____ 9 heures.

5 Il faudrait que tu ailles _____ l'hôpital pour voir l'infirmière qui t'_____ soigné.

6 Lundi, on ira rendre visite _____ Jérémy.

7 Il y avait, _____ côté de moi, une fille très sympa.

4 Trouvez les prépositions qui manquent.

NS

Le capitaine était un _____ (1) ces Américains du Nord, dont l'esprit est circonscrit _____ (2) la profession qu'ils ont embrassée. Lourd, matériel, la bonté résultait _____ (3) lui du tempérament plutôt que _____ (4) l'éducation. Je lui avais été particulièrement recommandée, _____ (5) Valparaiso, _____ (6) les consignataires de M. Chabrié: il avait _____ (7) moi le plus grand respect et toutes les complaisances et attentions que son imagination pouvait lui suggérer. Nous devînmes _____ (8) suite bons amis, autant que nous pouvions le devenir _____ (9) parlant des langues différentes, lui, l'anglais seulement, moi, le français et l'espagnol, qu'il ne comprenait pas.

Flora Tristan, *Pérégrinations d'une paria*, 1833–1834

Il est véritablement difficile _____ (10) trouver _____ (11) se loger _____ (12) Paris. Je n'en ai jamais été si convaincu que depuis deux mois. Arrivé _____ (13) Allemagne _____ (14) un court séjour _____ (15) une villa de la banlieue, je me suis cherché un domicile plus assuré que les précédents, dont l'un se trouvait _____ (16) la place du Louvre et l'autre _____ (17) la rue du Mail.

Nerval, *Promenades et souvenirs*, 1831

Corrigés (Answers): www.hoddereducation.com/IBextras

26 Le discours indirect (ou rapporté)

Voir *French B for the IB Diploma* Second Edition: Grammaire, page 362

«Imaginez que nous sommes le 25 juillet 1914 et Jean Jaurès vient de prononcer son discours sur la paix. Voici ce qu'il a expliqué à ses concitoyens. Il a dit que jamais ils n'avaient été, que jamais depuis 40 ans l'Europe n'avait été dans une situation plus menaçante et plus tragique que celle où ils étaient à l'heure où il avait la responsabilité de leur adresser la parole. Il a dit qu'il ne voulait pas forcer les couleurs sombres du tableau, qu'il ne voulait pas dire que la rupture diplomatique dont ils avaient eu la nouvelle il y avait une demie heure, entre l'Autriche et la Serbie, signifiait nécessairement qu'une guerre entre l'Autriche et la Serbie allait éclater...»

On appelle **discours indirect** des propos rapportés; on n'utilise donc plus de guillemets. Le discours indirect se doit de suivre des règles de concordance des temps quand le verbe introducteur est au passé. Voici le tableau:

Discours direct	Discours indirect
Verbe au présent	Verbe à l'imparfait
Elle m'a dit: «J'ai soif.»	*Elle m'a dit qu'elle **avait** soif.*
Passé composé	Plus-que-parfait
Ils ont dit: «Hier nous sommes allés dans un parc d'attractions.»	*Ils ont dit que **la veille** ils **étaient allés** dans un parc d'attractions.*
Futur simple	Conditionnel présent
Elle nous a demandé: «Est-ce que nous irons en Belgique?»	*Elle nous a demandé **si** nous **irions** en Belgique.*
Futur antérieur	Conditionnel passé
Il a dit: «Je partirai quand elle sera arrivée».	*Il a dit qu'il partirait quand elle **serait arrivée**.*
Passé récent	Venir de (imparfait) + infinitif
Elle a dit: «Il vient de se lever.»	*Elle a dit qu'il **venait de** se lever.*
Futur proche	*Aller* (imparfait) + infinitif
Il a confirmé: «Aujourd'hui je vais épouser ma fiancée.»	*Il a confirmé que **ce jour-là** il **allait épouser sa** fiancée.*

Attention: quand les paroles sont rapportées, il faut aussi changer les références de temps, les références de lieux et ne pas oublier les pronoms:

Discours direct	Discours indirect
aujourd'hui	ce jour-là
demain	le lendemain
hier	la veille
ce matin	ce matin-là
cet après-midi	cet après-midi-là
ce soir	ce soir-là
lundi prochain	le lundi suivant
lundi dernier	le lundi précédent
la semaine prochaine	la semaine suivante
la semaine dernière	la semaine précédente
en ce moment	à ce moment-là
ici	là-bas

1 **Changez ces phrases en paroles rapportées. Utilisez *J'ai dit que....***

1 «J'étudie l'anthropologie à la Sorbonne.»_____

_____

2 «Je vais aller en voyage au Vietnam le mois prochain.»_____

_____

3 «J'adore chanter.»_____

_____

4 «Ma visite à Montréal était fabuleuse.»_____

_____

5 «J'ai rencontré de nouveaux amis pendant le stage.»_____

_____

6 «Nous mangerons au restaurant demain.»_____

_____

7 «Ils viennent de faire l'achat d'une voiture.»_____

_____

2 **Changez ces phrases directes en discours indirect.**

1 «Comment s'appelle la conduite à 16 ans?»
Je lui ai demandé_____

2 «Qu'allez-vous faire cet après-midi?»
Elle lui a demandé ce qu'_____

3 «Je ne vais pas supprimer des effectifs cette année.»
Le directeur a confirmé qu'_____

4 «Si j'ai le temps, j'irai à Versailles.»
J'ai dit que_____

5 «Le personnel compétent a réparé les nids de poule.»
Le maire a affirmé que_____

6 «Elle ira seule au cinéma.»
On m'a dit qu'_____

3 **Réécrivez ce passage au style indirect.**

– Et vous appelez cela la justice? Dit le colonel ébahi.

– Mais, certainement....

– Elle est belle.

– Elle est ainsi, mon pauvre colonel. Vous voyez ce que vous avez cru facile
ne l'est pas. Mme Ferraud peut même vouloir garder la portion qui lui a
été donnée par l'Empereur.

– Mais elle n'était pas veuve, le décret est nul...

– D'accord. Mais tout se plaide. Écoutez-moi. Dans ces circonstances, je
crois qu'une transaction serait, et pour vous et pour elle, le meilleur
dénouement du procès. Vous y gagnerez une fortune plus considérable
que celle à laquelle vous auriez droit.

– Ce serait vendre ma femme!

– Avec vingt-quatre mille francs de rente, vous aurez, dans la position où
vous vous trouvez, des femmes qui vous conviendront mieux que la vôtre,
et qui vous rendront plus heureux.

Balzac, *Le Colonel Chabert*, 1832–1834

27 La voix passive

Voir *French B for the IB Diploma* Second Edition: Grammaire, page 361

Je vais maintenant vous expliquer les secrets d'une bonne quiche lorraine, un plat qui est considéré comme étant typiquement français:

1 La pâte est étalée dans un moule puis piquée avec une fourchette.
2 Les lardons sont rissolés à la poêle, puis répartis sur le fond de la pâte.
3 Des copeaux de beurre y sont ajoutés.
4 Les œufs, la crème fraîche et le lait sont battus ensemble.
5 Le mélange est assaisonné de sel, de poivre et de muscade.
6 Il est ensuite versé sur la pâte.
7 Le tout est mis au four à 180°C pendant 45 à 50 minutes.

Voix active (verbe au présent): *Robin conduit la voiture.*

Voix passive (verbe au présent): *La voiture est conduite par Robin.*

La **voix passive** d'un verbe se fait avec l'auxiliaire *être* au temps voulu et le participe passé du verbe cible. Dans la phrase passive, le sujet du verbe ne fait pas l'action.

	Voix active (Robin...)	Voix passive (La voiture...)
Présent	conduit	est conduite
Futur	conduira	sera conduite
Imparfait	conduisait	était conduite
Passé simple	conduisit	fut conduite
Conditionnel présent	conduirait	serait conduite
Subjonctif présent	qu'il conduise	qu'elle soit conduite
Passé composé	a conduit	a été conduite
Plus-que-parfait	avait conduit	avait été conduite
Conditionnel passé	aurait conduit	aurait été conduite

Il est souvent possible en français, quand le sujet d'un verbe est inconnu et pour alléger le style, plutôt que d'utiliser une phrase passive, d'utiliser le mot *on*: *Les camions sont déchargés* ➜ *On a déchargé les camions.*

1 Dites à quels temps sont les verbes passifs de ces phrases et soulignez-les.

Exemple: Les individus curieux <u>sont attirés</u> par les nouveautés.
présent passif

1 Ce document est complété par David. _____
2 Ce formulaire sera signé par Loïc. _____
3 Cette autoroute a été construite par des experts. _____
4 Cette villa a été décorée par Pauline. _____
5 J'ai été poursuivie par quelqu'un. _____
6 Nous avons été retardés par la neige. _____
7 La séance avait été perturbée par un inconnu. _____
8 Ces histoires étaient racontées pas M. Lebeau. _____
9 Le concert aurait été regardé par des milliers de gens. _____

2 Utilisez les phrases de l'exercice précédent et écrivez-les à la voix active.

Exemple: *Les nouveautés attirent les individus curieux.*

1 _____
2 _____
3 _____
4 _____
5 _____
6 _____
7 _____
8 _____
9 _____

3 Indiquez à quel temps est le verbe actif souligné, puis transformez les phrases à la voix passive (attention aux accords).

Exemple: Jean <u>amuse</u> le prof avec ses blagues. *(présent)* → *Le prof est amusé par Jean avec ses blagues.*

1 Robert <u>réparera</u> ta trottinette demain. _____ → _____
_____

2 Les nuages <u>cachaient</u> le soleil. _____ → _____
_____

3 Isabelle <u>a remporté</u> la médaille d'or. _____ → _____
_____

4 Les spectateurs <u>avaient applaudi</u> longuement les artistes.
_____ → _____

5 L'opossum <u>dévaste</u> souvent les champs des agriculteurs.
_____ → _____

6 Les pluies <u>pourraient</u> inonder ces terrains. _____ → _____
_____

4 Dites si les formes suivantes sont des présents passifs ou des passés composés actifs.

Exemple: Je suis bousculé → *présent passif (parce qu'on pourrait ajouter par...)*

1 Il est tombé → _____
2 Vous êtes passés → _____
3 Elles sont ramassées → _____
4 Tu es arrivé → _____
5 Nous sommes restés → _____
6 Il est appelé → _____

5 Votre prof de français vous demande où vous en êtes de vos préparations pour la tâche écrite; vous répondez à ses questions selon le modèle.

Exemple: As-tu choisi le thème de ton travail?

Oui, le thème de mon travail a été choisi.

1 As-tu choisi les textes? _____
2 As-tu lu les textes choisis? _____
3 As-tu pensé à un titre? _____
4 As-tu réfléchi à un type de texte à utiliser? _____
5 Connais-tu le nombre de mots à écrire? _____

Corrigés (Answers): www.hoddereducation.com/IBextras

28 La comparaison

Voir *French B for the IB Diploma* Second Edition: Grammaire, page 354

Le comparatif

Avec un adjectif	L'Allemagne est **plus** *grande* **que** la France.
Avec un adverbe	Isabelle court **aussi** *vite* **que** Patricia.
Avec un nom	L'Allemagne a **autant de** *rivières* **que** la France.
Avec un verbe	Isabelle *s'entraîne* **moins que** Patricia.

Le superlatif

Avec un adjectif	C'est **le plus** *grand* pays **d'**Europe.
Avec un adverbe	C'est elle qui court **le plus** *vite* **de** tous les athlètes.
Avec un nom	C'est ce pays qui a **le plus de** *rivières*.
Avec un verbe	C'est elle qui *s'entraîne* **le plus**.

Attention: *bon*, *mauvais* et *bien* sont irréguliers.

	Au comparatif	Au superlatif
bon	meilleur(e)	le meilleur, la meilleure, les meilleur(e)s
mauvais	pire	le / la pire
bien	mieux	le / la mieux

---

1 Complétez les phrases (attention aux accords quand vous utilisez un adjectif).

Exemple: Le train est *plus rapide que* la voiture. (rapide) (+)

1 Les voyages en train prennent _____ en avion. (temps) (+)

2 La radio est _____ la télé. (intéressant) (=)

3 Ce stylo écrit _____ le mien. (bien) (+)

4 Le vélo est _____ la voiture. (confortable) (−)

2 Transformez avec le superlatif.

Exemple: un sourire éclatant → *le sourire le plus éclatant*

1 une silhouette raffinée → _____

2 des dents blanches → _____

3 des mains douces → _____

4 des cheveux luisants → _____

3 Complétez les phrases avec *le même*, *la même*, *les mêmes*, *au même* ou *à la même*.

(NM)

Exemple: J'ai pris *le même* train que lui.

1 Nous sommes partis _____ jour.

2 Je me suis assis dans _____ wagon.

3 Nous avions _____ bagages.

4 Ils sont descendus _____ gare.

5 Elle est descendue _____ arrêt de bus.

4 Faites des phrases avec les éléments donnés.

(NM)

Exemple: Le paresseux / animal / lent / monde (+)

Le paresseux est l'animal le plus lent du monde.

1 Le Sahara / désert / peuplé / planète (–)

_____

2 L'Amazone / fleuve / long / monde (+)

_____

3 Marseille / ville / cosmopolite / France (+)

_____

4 L'Antarctique / région / chaude / monde (–)

_____

5 Complétez les phrases avec des comparatifs ou des superlatifs. Essayez de varier vos réponses.

(NS)

1 Les voyages en avion sont _____ dangereux aujourd'hui qu'autrefois. (–)

2 Louis XIX n'a régné que 20 minutes. C'est incontestablement le roi qui a eu le règne _____ (court) +

3 Cette année il y a eu _____ touristes que l'année dernière en France. (=)

4 Les Chinois sont _____ nombreux que les Français. (+)

5 Tsonga a un _____ service, mais je crois que Hénin joue _____ . (+)

6 Il paraît que La cathédrale Notre Dame est _____ belle en France. (+)

7 Les animaux qui ont _____ dents sont les requins. (+)

8 L'animal qui vit _____ longtemps est l'éphémère: quelques heures seulement. (–)

6 Vous préparez en classe de français une présentation sur votre établissement scolaire pour vos correspondants. Vous cherchez des informations qui frappent et qui pourront intéresser vos interlocuteurs.

(NS)

Exemple: *le gymnase le mieux équipé de la ville*

_____

_____

_____

_____

_____

Corrigés (Answers): www.hoddereducation.com/IBextras

29 Les expressions de temps

Je ne suis jamais à l'heure, toujours en retard. Il faut que je me dépêche pour pouvoir y arriver avant qu'il ne soit trop tard. Je dois d'abord passer chez le fleuriste avant la fermeture, ensuite j'irai voir Victor que je n'ai pas vu depuis 2 mois (j'espère qu'il sera là!), puis chez le coiffeur — j'ai pris rendez-vous il y a 3 semaines tellement il est populaire! Depuis quand est-ce que je fais mes plans...? Ah non, je suis maintenant vraiment en retard!

On peut exprimer le temps de différentes façons en français: par des conjonctions et des adverbes.

Connecteurs de rupture	à cet instant, alors, or, soudain, tout à coup
Instant présent	aujourd'hui, maintenant, à présent
Passé	autrefois, avant, naguère, tout à l'heure
Futur	bientôt, d'ici là, tout à l'heure
Antériorité (une action avant une autre)	auparavant, avant, depuis, à l'instant, jusque-là, jusqu'à ce que (+ subj.), en attendant que (+ subj.), avant le moment où, jusqu'au moment où
Postériorité	après, désormais, dorénavant, ensuite, par la suite, après que, une fois que, dès que, aussitôt que, sitôt que, à peine… que, maintenant que, depuis que, puis
Rapidité	aussitôt, immédiatement, sitôt, tout de suite, sur le champ
Durée	depuis, entre-temps, longtemps, lors, tout le temps
Simultanéité	quand, lorsque, au moment où, comme, alors que, tandis que, à mesure que, pendant (que), en même temps que, tant que, aussi longtemps que, toutes les fois que, chaque fois que

1 Complétez avec *depuis* ou *depuis que*.

Exemple: *Depuis que* je suis née, j'habite à Nantes.

1 Je veux être dentiste _____ je suis jeune.

2 _____ l'âge de 9 ans, je joue du violon.

3 Je conduis un scooter _____ j'ai 17 ans.

4 _____ la fin de mes études, je travaille dans un cabinet d'avocat.

5 _____ j'ai rencontré l'âme sœur, je suis le plus heureux.

6 Nous avons eu deux enfants _____ notre mariage.

2 Complétez avec *en* ou *pendant*.

Exemple: Je suis allée d'Oxford à Douvres *en* 3 heures.

1 J'ai visité le port tout entier _____ une heure et demie!

2 Je me suis promenée dans le parc du Cinquantenaire _____ quelques heures.

3 Je suis rentré à Lille _____ une heure avec le TGV.

4 Il s'est reposé _____ 30 minutes.

5 J'ai réussi à marcher jusqu'au restaurant _____ 10 minutes.

6 Ils ont discuté avec leurs amis de longue date _____ des heures.

3 Complétez avec *après*, *avant*, *ensuite*, *pendant*, *puis* ou *quand*.

1 Vérifie bien que tu n'as rien oublié _____ de partir.

2 Je passe d'abord chez Julie et _____ je rentre.

3 Certains étudiants ont des soucis de stress _____ les examens.

4 Tu rentres tout de suite chez toi _____ le boulot?

5 _____ vous entendez cette chanson, vous commencez tous à chanter.

6 Il faut absolument que je lui parle _____ qu'elle parte.

7 Certains étudiants vont déjà à l'université _____ le mois d'octobre.

8 Nadine suit tous les mercredis des cours de chant _____ elle va chez sa prof d'anglais.

4 Complétez avec l'expression de temps qui convient.

(NM)

1 Maman, est-ce que je peux aller au cinéma avec mes copines _____ le dîner?

Non, Jade, il y a école demain et tu dois te coucher tôt. Tu sortiras le week-end prochain.

2 À quelle heure est-ce que tu as fini le boulot hier?

Je suis restée _____ 18 heures, puis je suis rentrée directement à la maison.

3 Qu'est-ce que tu as fait à Pâques?

Je suis allé en Thaïlande, c'était vraiment super. Tous les jours, _____ 9 heures _____ 16 heures, je restais sur la plage. Le soir, je dînais dans un restaurant du coin et _____ j'allais regarder des spectacles de danse folklorique locale.

4 _____ combien de temps tu finiras ta rédaction?

Oh _____ une heure peut-être; je la terminerai _____ j'arriverai au collège demain matin.

5 Terminez les phrases suivantes.

(NS)

1 Quand il allait à Londres, _____

2 Quand elle arrivera à Bruxelles, _____

3 Avant de partir, Mariano _____

4 Il a allumé la télé aussitôt que _____

5 Pendant leur déménagement, Alice a fait des boîtes alors qu'Yvan _____

6 Complétez le texte suivant avec les expressions données.

(NS)

| après m'avoir | aussitôt | en montant | moment où | où | puis | quand | tard |

Ma seule consolation, _____ (1) je montais me coucher, était que maman viendrait m'embrasser _____ (2) je serais dans mon lit. Mais ce bonsoir durait si peu de temps, elle redescendait si vite, que le _____ (3) je l'entendais monter, _____ (4) où passait dans le couloir à double porte le bruit léger de sa robe de jardin en mousseline bleue, à laquelle pendait de petits cordons de paille tressée, était pour moi un moment douloureux. Il annonçait celui qui allait le suivre, _____ (5) elle m'aurait quitté, où elle serait redescendue. De sorte que ce bonsoir que j'aimais tant, j'en arrivais à souhaiter qu'il vînt le plus _____ (6) possible, à ce que se prolongeât le temps de répit où maman n'était pas encore venue. Quelquefois quand, _____ (7) embrassé, elle ouvrait ma porte pour partir, je voulais la rappeler, lui dire «embrasse-moi une fois encore», mais je savais qu'_____ (8) elle aurait son visage fâché; car la concession qu'elle faisait à ma tristesse et à mon agitation _____ (9) m'embrasser, en m'apportant ce baiser de paix, agaçait mon père qui trouvait ces rites absurdes […]

Marcel Proust, *Du côté de chez Swann*, 1912–1913

Corrigés (Answers): www.hoddereducation.com/IBextras

30 Expressions figurées et idiomatiques avec *avoir*, *être* et *faire*

En français, certaines expressions utilisent les verbes *avoir*, *être* ou *faire*. Ces expressions sont souvent appelées **idiomatiques** parce qu'elles ne peuvent pas nécessairement se traduire en utilisant le même verbe dans d'autres langues. Voici les plus communes.

avoir

AVOIR	AVOIR (niveau supérieur)
avoir besoin de	avoir bonne mine
avoir envie de	avoir d'autres chats à fouetter
avoir l'intention de	avoir un mal fou à faire quelque chose
avoir faim / soif / chaud / froid	avoir des fourmis dans les jambes
avoir honte (de)	avoir la langue bien pendue
avoir mal (à la tête, etc.)	avoir la tête qui tourne
avoir raison	avoir la frousse / la trouille
avoir tort	avoir le cafard
avoir sommeil	avoir le cœur sur la main
avoir de la chance	avoir le mal de mer
avoir peur (de)	ne pas avoir un rond

être et faire

ÊTRE	FAIRE
être d'accord avec	faire attention
être en train de + inf.	faire une promenade
être en retard	faire la cuisine
être à l'heure	faire les courses
être en avance	faire la vaisselle
être fatigué(e)	faire ses devoirs
	faire (utilisé avec les expressions de météo)
	faire des affaires

62

1 **Choisissez la bonne expression.**

1 Hortense met un pull parce qu'elle <u>a froid / a chaud</u>.

2 Augustin et Édouard prennent un cachet parce qu'ils <u>ont mal / ont soif</u>.

3 Louis se couche parce qu'il <u>a tort / a sommeil</u>.

4 Guillaume ne va pas à la piscine parce qu'il <u>a peur / a raison</u> de l'eau.

5 Nous <u>avons envie / faim</u> de danser ce soir!

 2 **Complétez les phrases.**

1 Tu as _____ ? Viens on va déjeuner.

2 Tiens chérie, tu as _____ ? Où est ton écharpe?

3 Tu dois avoir _____ après la course; tiens voilà du jus.

4 Qu'est-ce que je vais bien dormir! J'ai _____ .

 3 **Réécrivez les phrases avec l'expression qui convient.**

1 Il _____ beau à Nice en été.

2 Il fait _____ à Strasbourg en hiver.

3 Les Français aiment faire des _____ dans les Alpes pendant l'été.

4 Quand il fait beau, je fais _____ au parc avec mon chien.

4 **Retrouvez l'ordre des mots.**

1 n'est / favorite / les / Faire / pas / courses / mon / activité

_____

2 l'heure / à / suis / jamais / à / quand / Je / ne / je / l'école / vais

_____

3 mère / Elle / sa / peur / offensé / a / d'avoir

_____

4 d'avoir / fatigués / attendre / temps / sommes / Nous / tout / à / le / vous

_____

5 **Décrivez l'image en utilisant des expressions avec** *avoir* **(regardez le tableau). Dites-en le plus possible.**

_____

_____

_____

_____

Corrigés (Answers): www.hoddereducation.com/IBextras

31 Les conjonctions de coordination et de subordination

Frédéric trouva le guide touristique sous un album de timbres sans valeur qu'il avait pourtant collectionnés avec enthousiasme, il n'y a encore pas si longtemps. Le touriste y apprenait que le château de Mehun avait été construit sous Charles VII et qu'il n'en restait plus que des ruines, romantiques tout de même, vu leur situation près de l'Yèvre, petite rivière passant dans cette région de la France.

La **conjonction** est un mot invariable et élément de liaison dans une phrase.

La **conjonction de coordination** relie deux éléments qui ont la même fonction. Il en existe sept: *mais, ou, et, donc, or, ni, car.*
- *mais*: pour corriger ce qui a été dit précédemment
- *ou*: pour exprimer une alternative
- *et*: pour réunir en général
- *donc*: pour articuler un discours et indiquer une conséquence
- *or*: pour introduire un argument, une objection
- *ni*: pour nier *et* et *ou*
- *car*: pour justifier ce qui a été dit précédemment

La **conjonction de subordination** relie deux morceaux de phrase dont l'un est dépendant de l'autre: *Je me demande si Marie viendra.*

Quand, comme, si, que et toutes les expressions contenant *que* sont des conjonctions de subordination.
- *quand*: pour exprimer le temps
- *comme*: pour exprimer une comparaison, une cause ou le temps; il se place toujours en tête de phrase
- *si*: pour exprimer l'hypothèse, la comparaison hypothétique, l'opposition

1 Complétez avec *comme* ou *parce que*.

1 J'ai un peu mal au ventre _____ j'ai trop mangé hier à la fête.

2 Il a très mal dormi _____ il n'a pas arrêté de tousser.

3 _____ elle avait mal au dos, le médecin lui a conseillé de se mettre en arrêt maladie et de se reposer.

4 _____ il s'est cassé deux doigts à la main droite, on lui a recommandé d'écrire de la main gauche.

5 Je suis allée en urgence chez le dentiste _____ j'avais une rage de dents.

6 _____ je ne me sentais pas dans mon assiette, j'ai préféré rentrer à la maison.

Les connecteurs logiques

Cause	car, parce que, en effet, puisque, comme
Conséquence	donc, alors, c'est pourquoi, par conséquent, en conséquence, ainsi, en conclusion, si bien que, de sorte que, sans que, si... que, tant... que, tellement... que
Opposition	mais, pourtant, néanmoins, au contraire, cependant, quoique, bien que, même si, tandis que
Énumération	d'abord, enfin
Gradation	et, surtout, or, en outre, de plus
Reformulation	en bref, c'est-à-dire, en un mot, ainsi que, de même que

2 Faites des phrases.

1 Son bagage était très lourd. Il a dû payer un supplément. (comme)

_____

2 C'était bondé. Je n'ai pas retrouvé mes copains. (tellement... que)

_____

3 Je n'ai pas eu de place. Le concert était complet. (parce que)

_____

4 Il faisait mauvais. On est parti avec 4 heures de retard. (tellement… que)

_____

5 L'Eurostar a eu 3 heures de retard sans explication. On m'a remboursé mon billet. (c'est pourquoi)

_____

6 Il a réussi à son examen. Ses potes l'ont félicité. (comme)

_____

3 **Complétez le passage avec les connecteurs suivants.**

(NS)

> c'est-à-dire   cependant   c'est pourquoi   depuis   donc   et

La petite ville de Verrières peut passer pour l'une des plus jolies de la Franche-Comté; _____ (1) ses maisons blanches avec leurs toits pointus de tuiles rouges s'étendent sur la pente d'une colline, dont des touffes de vigoureux châtaigniers marquent les moindres sinuosités. Le Doubs coule à quelques centaines de pieds au-dessous de ses fortifications bâties jadis par les Espagnols, _____ (2) maintenant ruinées. Verrières est abrité du côté du nord par une haute montagne, c'est une des branches du Jura. Les cimes brisées du Verra se couvrent _____ (3) de neige dès les premiers froids d'octobre. Un torrent, qui se précipite de la montagne, traverse Verrières avant de se jeter dans le Doubs, _____ (4) qu'il donne le mouvement à un grand nombre de scies à bois, c'est une industrie fort simple et qui procure un certain bien-être à la majeure partie des habitants plus paysans que bourgeois. Ce ne sont pas _____ (5) les scies à bois qui ont enrichi cette petite ville. C'est à la fabrique des toiles peintes, dites de Mulhouse, que l'on doit l'aisance générale qui, _____ (6) la chute de Napoléon, a fait rebâtir les façades de presque toutes les maisons de Verrières.

D'après *Le Rouge et le noir*, Stendhal, 1830

4 **Soulignez dans les phrases suivantes les connecteurs logiques. Indiquez le lien qu'ils expriment.**

(NS)

1 Il y a d'énormes bouchons sur l'autoroute, car tout le monde part en vacances en même temps.

_____

2 Il fait un orage épouvantable, vous ne viendrez donc pas me voir.

_____

3 Tu as bien compris pendant la leçon, cependant tu n'as pas vraiment réussi à l'examen.

_____

4 Les mouettes chantent si fort en fin d'après-midi qu'elles me dérangent.

_____

5 Comme il y a trop de brouillard, les avions restent au sol.

_____

32 Les nombres et les adjectifs de couleur

Voir *French B for the IB Diploma* Second Edition: Grammaire, pages 354 et 362

Laure, est-ce que tu vas jouer au loto demain? La cagnotte du vendredi 13 est apparemment exceptionnelle!

La cagnotte du vendredi 13; je ne savais pas que ça existait. Comment ça marche?

Tu achètes ton billet en choisissant des numéros. Ensuite les numéros gagnants sont tirés au sort. Tu peux gagner 2,25 millions d'euros si tu as tous les bons numéros, puis les gains vont en décroissant selon le nombre de bons numéros. Tes chances sont de 1/14 millions!!

Ça ne vaut pas le coup!

Non je crois que je préfère donner un peu d'argent à mon association préférée!

Tu peux toujours jouer plus d'une grille.

Nombres cardinaux:
- *Un / une* s'accorde avec le nom qui suit.
- 21, 31, etc: *vingt **et** un*, *trente **et** un*, etc.
- Attention à: 70 = *soixante-dix*, 80 = *quatre-vingts*, 90 = *quatre-vingt dix*.
- *Vingt* prend un –*s* quand il est à la fin d'un nombre: *quatre-vingts*, de même pour *cent* à partir de 200: *trois cents*.
- Pas de –*s* à la fin de mille.
- Pour les dates (entre 1100 et 1900), on peut dire soit *onze cents* (1100) ou *mille cent* (1100).
- On ajoute un –*s* à la fin de million au pluriel: *deux millions*.

Nombres ordinaux:
- À partir de *deuxième*, on forme le nombre ordinal en ajoutant –*ième* au nombre cardinal (en enlevant le –*e*): *vingtième*, *centième*, etc.
- Les nombres ordinaux sont des adjectifs et doivent s'accorder avec le nom qui suit: *la première semaine*
- Dans les dates, les rois, les papes, etc. seul le *premier* est utilisé; après on utilise juste le nombre cardinal: *Louis XIV (quatorze)*.

Nombres collectifs:
- Pour donner une approximation, on ajoute –*aine* à la fin d'un nombre cardinal: *une diz**aine***, *une douz**aine***, *une quinz**aine***, *une vingt**aine*** sont les plus communs
- À peu près mille = *un millier*!

Nombres décimaux, les fractions et les pourcentages:
- En français, les nombres décimaux s'écrivent avec une virgule (,) et se lisent en disant «virgule».
- Les fractions les plus communes sont:
  - ½ = *demi*
  - ¼ = *quart*
  - ¾ = *trois quarts*
  - ⅓ = *un tiers*
  - ⅔ = *deux tiers*
- % se dit = *pourcent*

---

1 Écrivez ces numéros en mots.

31 litres	
74 ans	
95 centimes	
4,5%	
8893 euros	
1.741.100 habitants	
595 pages	

2 Faites le calcul et écrivez les résultats en mots.

(NM)

cent dix moins sept	
sept multiplié par trois	
six cents divisé par six	
mille moins soixante-dix-sept	
un million plus cent mille	

3 Donnez les réponses à ces problèmes mathématiques.

(NM)

1 Dans un collège, 180 élèves ont été présents à l'épreuve du Brevet. Les ¾ ont été orientés en classe de seconde. Combien d'entre eux vont donc aller en seconde?

_____

2 La construction d'un collège coûte 4,5 millions d'euros. L'État en prend le ¼ à sa charge, la Région ⅐ et le Département ⅕. Combien vont-ils payer chacun?

_____

4 Ajoutez aux textes les informations suivantes.

(NS)

1789 à 1799	250 m	¼	1789	⅔	XVI	1792

Le milieu physique de la France est caractérisé par l'extension des plaines et des bas plateaux (plus des _____ (1) du territoire sont au-dessous de _____ (2)); la montagne elle-même est souvent bordée ou pénétrée par des vallées, voies de circulation et de peuplement. La latitude, la proximité de l'Atlantique et aussi la disposition du relief expliquent la dominante océanique du climat, caractérisé par l'instabilité des types de temps, la faiblesse des écarts de température, la relative abondance des précipitations. La rigueur de l'hiver s'accroît cependant vers l'intérieur, alors que la frange méridionale connaît un climat de type méditerranéen, chaud et sec en été.

L'ancienneté et la relative densité du peuplement, l'étendue des cultures expliquent la quasi-disparition de la végétation d'origine, mais la forêt occupe environ le _____ (3) du territoire.

D'après www.larousse.fr/encyclopedie/divers/France_g%C3%A9ographie_ physique/185544

La société de _____ (4) est au bord de l'implosion, la monarchie absolue réfugiée à Versailles est de plus en plus contestée par le peuple parisien. Les idées du siècle des Lumières apportent de nouvelles aspirations libertaires. La Révolution Française s'étale de _____ (5). On y observe d'importants changements sociaux et des événements majeurs de l'Histoire. Louis _____ (6) guillotiné, la république est promulguée en _____ (7) laissant place à une longue instabilité politique et une situation mouvementée (Terreur, guerre civile et extérieure).

D'après www.histoire-france.net/epoque/

33 Homophones grammaticaux

En français, il est parfois difficile de distinguer l'écriture de certains mots sans avoir recours à la grammaire: ce sont des **homophones**. Ils ont la même prononciation, mais pas la même orthographe car ils n'ont pas la même fonction grammaticale. En voici quelques-uns des plus courants.

c'est / s'est / ses / ces:	<ul><li>*c'est* = **c'** est sujet de **est**</li><li>*s'est* = fait partie d'un verbe pronominal conjugué au présent (troisième personne du singulier)</li><li>*ses* = adjectif possessif au pluriel</li><li>*ces* = adjectif démonstratif au pluriel</li></ul>
et / est:	<ul><li>*et* = conjonction de coordination</li><li>*est* = forme conjuguée du verbe *être* (troisième personne du singulier)</li></ul>
ou / où:	<ul><li>*ou* = conjonction de coordination</li><li>*où* = adverbe de lieu</li></ul>
on / ont:	<ul><li>*on* = pronom sujet (troisième personne de singulier)</li><li>*ont* = forme conjuguée du verbe *avoir* (troisième personne du pluriel)</li></ul>
a / à:	<ul><li>*a* = forme conjuguée du verbe *avoir* (troisième personne du singulier)</li><li>*à* = préposition</li></ul>
son / sont:	<ul><li>*son* = adjectif possessif au singulier</li><li>*sont* = forme conjuguée du verbe *être* (troisième personne du pluriel)</li></ul>

1 **Complétez les phrases avec *a* ou *à*.**

1 Ma sœur _____ construit un joli château de sable.

2 Ce petit chat est _____ ma cousine.

3 Victoire _____ froid; elle remet son pull.

4 Grâce _____ son cheval, il a gagné le Derby.

5 Il fait très beau ce matin. Delphine _____ décidé d'aller faire une balade à vélo.

6 Je n'ai plus envie d'aller _____ la plage; il y _____ trop de monde.

7 Vous êtes parties parce qu'il _____ fait trop chaud ou _____ cause de la pluie?

8 _____ Levet, va jusqu'_____ la sortie du village, puis tourne _____ droite pour aller vers Châteauneuf.

9 Il _____ téléphoné _____ plusieurs reprises pour que tu rentres _____ la maison.

10 Le vol _____ été annulé _____ cause d'un cyclone.

11 Il n'y _____ ni télé, ni Internet, alors nous allons tous les jours _____ pied rendre visite _____ nos cousins.

2 Complétez les phrases avec *ces*, *ses* ou *s'est*.

ab initio

1 Le chat _____ mis à crier de toutes _____ forces.

2 Il a ordonné à _____ gardes qu'ils aillent vite au secours du Marquis.

3 Il était venu des voleurs qui avaient emporté _____ habits.

4 Il a pris les cordons avec _____ deux pattes de devant.

5 Ils ont trouvé un magnifique dîner que l'ogre avait fait préparer pour _____ amis.

D'après *Le Chat botté*, Charles Perrault, 1697

3 Complétez le texte avec *est*, *et*, *à*, *a*, *on*, *ont*, *son* ou *sont*.

NM

Jérémy _____ (1) forain, il tient un stand de pêche _____ (2) la ligne. _____ (3) trouve des stands de pêche _____ (4) la ligne dans toutes les foires. Les enfants viennent, donnent de l'argent _____ (5) essayent d'attraper un canard avec une canne _____ (6) pêche. Ceux qui _____ (7) réussi _____ (8) pêcher un canard reçoivent un cadeau. Ce n'est pas un jeu très difficile, _____ (9) a simplement besoin d'être un peu habile. Avec _____ (10) stand et _____ (11) chien Kouki, Jérémy _____ (12) heureux.

4 Choisissez le bon mot.

NM

1 C'est / S'est un tremblement de terre qui c'est / s'est produit au moment où il c'est / s'est levé.

2 C'est / S'est une impression étrange.

3 Il c'est / s'est dit: «C'est / S'est mon imagination qui me joue des tours.»

4 Il est arrivé au moment ou / où il commençait à pleuvoir.

5 Quand il est malade, il éternue ou / où il tousse.

6 Je cherche un endroit ou / où acheter des œufs d'autruche.

5 Complétez les phrases avec *c'est*, *s'est*, *ces* ou *ses*.

NS

1 Certaines lois et certains règlements doivent guider les chirurgiens dans l'exercice de leur fonction, mais _____ derniers doivent également avoir un sens pointu de l'éthique.

2 _____ valeurs animent la profession partout dans le monde.

3 _____ le cas, par exemple, en Suisse.

4 Dans les pays sous-développés, le vélo est plus qu'un moyen de transport; _____ un outil de travail.

5 Mireille _____ acheté de nombreuses voitures depuis qu'elle travaille chez Peugeot.

6 Pour compléter les phrases suivantes, choisissez entre *dans* et *d'en*.

NS

1 J'ai _____ la tête une chanson dont j'aimerais me débarrasser.

2 Les agriculteurs avaient déversé des tonnes de choux-fleurs _____ la rue et on nous a interdit _____ prendre.

3 _____ votre classeur vous trouverez une grande variété d'exercices, à vous _____ rajouter.

4 Nous les reverrons _____ un mois ou _____ un an.

5 Il y a trop de vers _____ ces fruits. Je n'ai plus envie _____ manger.

Corrigés (Answers): www.hoddereducation.com/IBextras

Techniques de rédaction

1 Le journal intime (textes personnels)

Thème: Identités

Date(s)

Réflexions personnelles

Cher journal

8 mai – Quelle journée admirable**!** J'ai passé toute la matinée étendu sur l'herbe, devant ma maison, sous l'énorme platane qui la couvre, l'abrite et l'ombrage tout entière. **J'aime ce pays**, et j'aime y vivre parce que j'y ai mes racines, ces profondes et délicates racines, qui attachent un homme à la terre où sont nés et morts ses aïeux, qui l'attache à ce qu'on pense et à ce qu'on mange, aux usages comme aux nourritures, aux locutions locales, aux intonations des paysans, aux odeurs du sol, des villages et de l'air lui-même. [...]

12 mai – J'ai un peu de fièvre depuis quelques jours; **je me sens souffrant**, ou plutôt je me sens triste. **D'où viennent ces influences mystérieuses qui changent en découragement notre bonheur et notre confiance en détresse?** [...]

16 mai – Je suis malade, décidément! Je me portais si bien le mois dernier! J'ai la fièvre, une fièvre atroce, ou plutôt un énervement fiévreux, qui rend mon âme aussi souffrante que mon corps! [...]

25 mai – Aucun changement! Mon état, vraiment, est bizarre. À mesure qu'approche le soir, une inquiétude incompréhensible m'envahit, comme si la nuit cachait pour moi une menace terrible. [...] Vers dix heures, je monte dans ma chambre. À peine entré, je donne deux tours de clef, et je pousse les verrous; j'ai peur... **de quoi?** [...] Et soudain, je m'éveille, affolé, couvert de sueur. J'allume une bougie. Je suis seul. [...]

3 juin – La nuit a été horrible. **Je vais m'absenter pendant quelques semaines. Un petit voyage, sans doute, me remettra**.

Guy de Maupassant, extraits de «Le Horla», 1887

Formule de début d'un journal: facultatif mais utile

Ponctuation: ici point d'exclamation

Sentiments et émotions

Questions rhétoriques

Phrases fragmentées qui suivent la pensée

Expressions pour finir

Grammaire et structures

Dans un journal intime, voici des verbes et des structures qui sont susceptibles d'être utilisés:

aimer, être content(e), être ravi(e), être déçu(e), être triste, être déprimé(e), être de mauvaise humeur, se sentir mal dans sa peau, être énervé(e), être agacé(e), etc.

■ Bien écrire!

Le **journal** est un document intime, voire secret, dans lequel on écrit ce qu'on pense mais sans pour autant vouloir être lu par autrui.

Voici quelques conseils:

■ Écrivez la date si vous voulez et le lieu.

■ Commencez si vous voulez par «Cher journal».

■ Écrivez à la première personne.

■ Adressez-vous au journal si vous voulez (comme si c'était un(e) ami(e)).

■ Racontez un événement par jour (si vous écrivez chaque jour).

■ Donnez vos sentiments personnels sur un ton intime.

■ Faites des réflexions sur les événements dont vous parlez.

■ Utilisez une langue familière ainsi qu'une ponctuation appropriée: point d'exclamation, point d'interrogation (pour question rhétorique), points de suspension (pour phrase fragmentée).

■ Mentionnez que vous allez écrire de nouveau bientôt si vous voulez.

▨ Activité écrite

Imaginez qu'il vous est arrivé des choses un peu inhabituelles que vous ne pouvez pas vraiment vous expliquer. Écrivez vos impressions et vos inquiétudes dans votre journal intime. Le texte de Maupassant peut vous aider.

N'oubliez pas de montrer que vous utilisez des expressions pour exprimer la peur, la crainte et l'interrogation.

Voici quelques pistes à considérer:

■ Décidez quels sont les événements dont vous voulez parler.

■ Quand sont-ils arrivés?

■ Où?

■ Décidez si vous décrirez chaque événement, chaque fois qu'il se passe ou bien plusieurs dans une seule entrée de journal.

■ Indiquez pourquoi ces événements sont inhabituels.

Des expressions pour vous aider à commencer:

■ Quelle journée intéressante je viens de passer!

■ Ce matin, tout a mal commencé pour moi!

■ Ce soir, je n'ai pas sommeil car…

■ Quel weekend je viens d'avoir!

■ Aujourd'hui, j'ai eu une journée vraiment pénible…

■ Devine ce qui m'est arrivé cet après-midi?

■ J'ai plein de mauvaises nouvelles aujourd'hui.

Corrigés (Answers): www.hoddereducation.com/IBextras

2   Le blog (textes professionnels)

Le blog a presque la même fonction que le journal intime sauf qu'il est fait pour être lu (et par le plus de lecteurs possible!). La différence est qu'on peut aussi y répondre. C'est peut-être le journal intime du 21ème siècle!

Thème: Expériences

SEMAINE 4: Balades dans les marais de Bourges

— Titre bref

01/07/2014 par Laurence F.L.

— Date et nom de l'auteure

La ville de **Bourges**, parmi ses trésors architecturaux médiévaux, nous révèle un autre trésor de la nature, celui de ses **marais**. Ce monde encore (assez) secret et calme, à l'abri du tapage du centre-ville, constitue un incomparable espace de détente et de biodiversité.

Les marais

EOS 6D + Fuji24-105/4 à 35mm

Cette photo provient bien évidemment de mes archives personnelles. Mais je compte bien en faire beaucoup plus cet été et vous en faire profiter.

— Commentaire personnel

L'auteure: Laurence F.L.

Auteure photographe de la nature sous toutes ses coutures et passionnée de marche. Administratrice du blog Bourges Nature

— Plus de détails sur l'auteure

Répondre

— Opportunité de répondre

48 réponses sur SEMAINE 4: Balade dans les marais de Bourges

Raphaël M.

02/07/2014 à 17:25

Que de vert! Ça fait envie!

Béatrice P.

02/07/2014 à 19:36

Magnifique! J'y vais aussitôt que possible!

http://blog.bourges-nature.fr/marais-de-bourges/

— Lien internet

■ Bien écrire!

Un **blog** (ou «weblog») est un site web sur lequel une variété «d'auteurs» vont s'exprimer sur une variété de thèmes. Les lecteurs peuvent s'exprimer aussi.

Chaque fois que l'auteur s'exprime cela s'appelle **un billet**. Une personne qui écrit un blog est **un blogueur / une blogueuse**. Quand un billet est modifié cela s'appelle **une mise à jour**. Il peut y avoir aussi une liste de liens vers d'autres sites; c'est **la blogliste**.

Pour écrire un blog, il faut considérer:

- ■ donner un titre bref

- ■ donner une date (à noter: le dernier billet écrit sera le premier vu)

- ■ écrire à la première personne, de façon familière si c'est approprié au thème mais cela dépend de la nature du sujet et du **lectorat** (si vous écrivez dans *Le Monde* par exemple, le langage sera un peu plus formel)

- ■ s'adresser aux lecteurs en utilisant *tu* ou *vous* (selon les types de lecteurs)

- ■ présenter le thème, donner des exemples puis détailler

- ■ donner votre opinion et vos sentiments personnels

- ■ si le thème est polémique, présenter différents points de vue

- ■ varier les structures grammaticales utilisées

- ■ inviter les lecteurs à réagir, faire des commentaires

Vous pouvez mettre des photos, mais vous n'êtes pas jugé sur vos talents artistiques à l'examen, donc ne passez pas de temps à dessiner!

■ Activité écrite

Vous avez décidé de vous exprimer sur un thème environnemental qui vous tient à cœur: les éoliennes et les oiseaux, les centrales nucléaires et les déchets, le recyclage en ville, les problèmes d'eau sur la planète, le réchauffement et les modifications climatiques, etc.

Écrivez un blog. N'oubliez pas d'inclure des exemples et d'inviter les lecteurs à réagir. Utilisez du subjonctif dès que vous pouvez.

Voici quelques pistes à considérer:

- ■ Décidez quel est votre lectorat (quel type de site) pour déterminer le registre de langue.

- ■ Identifiez de quoi vous voulez parler (choisissez un thème sur lequel vous avez beaucoup à dire mais aussi pour lequel vous maîtrisez le vocabulaire).

- ■ Incluez des exemples.

- ■ Donnez votre opinion et réagissez de façon émotive.

- ■ Donnez des liens de sites sur le même thème.

Corrigés (Answers): www.hoddereducation.com/IBextras

3 L'article (textes des médias de masse)

Thème: Organisation sociale

Genre: l'école catho sort du bois

9 MARS 2014 À 20:36

À Saint-Étienne, un cadre de l'enseignement privé, dans une lettre aux professeurs et parents, dénonce la négation de la «différenciation sexuée».

«Les études de genre ne s'arrêtent malheureusement pas au constat d'une distinction entre l'inné et l'acquis. Les idéologues qui orientent aujourd'hui le gouvernement vont jusqu'à affirmer que toute représentation de la différence des sexes relève d'un préjugé […]. C'est ici qu'apparaît une rupture que nous ne pouvons pas suivre»: le 11 février, en pleine polémique sur la prétendue théorie du genre, le directeur de l'enseignement catholique du diocèse de Saint-Étienne (Loire), François-Xavier Clément, s'est fendu d'une longue lettre très offensive sur le sujet. Adressé aux chefs d'établissement, aux professeurs et aux parents d'élèves, le texte met en garde contre les tentatives de *«déconstruction»* à l'œuvre à l'école et appelle les destinataires à jouer le rôle de *«veilleurs»* face aux idéologues propageant l'indifférenciation des sexes.

Crispations. L'enseignement catholique – qui accueille près de 20% des élèves – s'était pourtant voulu discret ces dernières semaines dans le tohu-bohu anti-genre déclenché par les partisans de la Manif pour tous, puis relayé par le patron de l'UMP, Jean-François Copé. Soucieux d'éviter toute récupération politique, son secrétaire général, Pascal Balmand, s'était gardé de déclarations tonitruantes. Il avait toutefois rappelé, dans un bulletin interne de février, la position traditionnelle de l'enseignement catholique: ce sont les parents, et non l'école, qui sont *«les premiers éducateurs de leurs enfants»*. […]

Le courrier que *Libération* s'est procuré – quatre pages denses au style alambiqué – met les pieds dans le plat. Il montre qu'au-delà des vœux pieux de son secrétaire général, l'enseignement catholique sous contrat – largement financé par l'État qui paie les salaires des profs – ne vit pas dans les cieux, à l'écart des polémiques, et qu'il connaît lui aussi des crispations. Il rappelle aussi une vérité simple: l'école privée suit d'abord les préceptes de l'Église. Et pour celle-ci, de par sa nature, un homme est un homme, une femme est une femme, et tout le reste n'est que déviation par rapport à cette donnée de base. […]

Croissance. Manifestement, le directeur diocésain de Saint-Étienne a planché sur le sujet pour peaufiner son texte, avec des arguments non seulement divins mais aussi le plus scientifiques possible. Il explique doctement, en préambule, qu'il n'existe pas de théorie du genre à proprement parler, mais plutôt des études de genre qui, écrit-il, *«s'interrogent avec raison sur le fait que le sexe biologique ne suffit pas à faire un homme ou une femme»*. *«Le milieu familial, l'éducation, la culture, les traditions d'un pays y participent en accompagnant sa croissance, en l'orientant et parfois en la déformant»*, ajoute-t-il. Puis, dans tout ce qui suit, François-Xavier Clément dénonce le danger de la confusion des genres qui serait en train de s'insinuer un peu partout si l'on n'y prend pas garde – dans les ouvrages proposés aux enseignants, dans *«les vidéos de certaines séquences pédagogiques»* ou encore *«à l'occasion de certaines campagnes de lutte contre les discriminations et pour l'égalité entre les filles et les garçons»*. Il s'agit d'une allusion transparente au programme intitulé «ABCD de l'égalité», expérimenté cette année dans dix académies et qui devrait être généralisé à la rentrée. Proposé aux écoles publiques comme privées, il n'a intéressé aucun établissement catholique… Le directeur diocésain dénonce ensuite le film *Tomboy*, promu par le ministère de l'Éducation dans son dispositif «École et cinéma», et recommande la vigilance devant *«certains ouvrages dont le titre suggestif cache difficilement l'intention idéologique»*.

«Zélé ou pas.» *«À notre connaissance, il s'agit du seul texte de la sorte diffusé par un responsable diocésain*, expliquait-on vendredi au Secrétariat général de l'enseignement catholique, *aucune consigne n'a été donnée au niveau national. D'ailleurs, ce serait contraire à nos pratiques car nous avons une organisation très décentralisée.»* Même unique, l'initiative est significative, le diocèse de Saint-Étienne n'étant pas connu pour être un repaire d'intégristes.

Annotations (marges):
- Gros titre bref et accrocheur
- Date
- «Chapeau»: brève introduction
- Introduction
- Chiffre, exemple
- Sous-titre

74

Quel impact une telle lettre peut-elle avoir sur le terrain? *«Très inégal mais sans doute faible, car il y a loin du discours à la réalité,* explique un enseignant qui a reçu le courrier sur son mail. *En fait, tout dépend du chef d'établissement, selon qu'il est zélé ou pas.»* Lorsqu'il a lu la lettre avec des collègues dans la salle des profs, *«cela a oscillé entre rire et désolation».* *«Ce qui m'a choqué, c'est le côté obsessionnel autour du problème du genre, comme si c'était l'essentiel,»* confie-t-il. Pour passer à autre chose, il fait confiance *«à la grande force d'inertie des profs que nous partageons, public et privé».*

Observation finale

Véronique SOULÉ

Nom du journaliste

D'après www.liberation.fr/societe/2014/03/09/genre-l-ecole-catho-sort-du-bois_985772

Grammaire et structures

Le **registre** de langue utilisé dans un article est primordial: vous n'écrirez pas de la même façon si votre lectorat est adolescent (par exemple dans le journal de l'école) ou si vous écrivez un article pour *Le Monde*. Il est important de maîtriser une gamme d'expressions à utiliser (même si vous étudiez au niveau moyen).

Quelques conseils: plus la langue est soutenue, plus vous utiliserez de **temps composés** et de **subjonctif**. Si vous avez à poser des questions, utilisez plutôt l'**inversion**: *Avez-vous lu le dernier roman d'Hervé?* L'utilisation des expressions idiomatiques relève plutôt du langage familier.

■ Bien écrire!

Un **article** peut prendre différentes formes: être un paragraphe court ou bien un texte plus long divisé en colonnes.

■ Le ton peut être neutre ou subjectif et donc donner une opinion bien précise sur un sujet.

■ L'argumentation doit être présentée de façon logique en utilisant des connecteurs.

■ Vous utiliserez des exemples afin de mieux faire comprendre la position de l'auteur.

■ Vous vous adresserez aux lecteurs avec des impératifs et des questions rhétoriques. N'oubliez pas que l'article a pour but d'informer.

■ Choisissez un titre court et accrocheur.

■ Faites un paragraphe par idée nouvelle.

■ N'utilisez pas trop de jargon – vous risquez de «perdre» les lecteurs.

■ Vous pouvez inclure des «images» mais souvenez-vous qu'en situation d'examen vous n'aurez pas le temps de présenter une «œuvre d'art».

■ Activité écrite

Choisissez un thème qui vous tient particulièrement à cœur et que vous jugez digne d'être connu. Écrivez un article sur le sujet pour le journal de votre école.

Voici quelques pistes à considérer:

■ Faites quelques recherches si nécessaire pour être certain(e)s de vos faits.

■ Posez-vous les questions: *qui? quoi? où? quand?* puis *pourquoi? comment?* et enfin *donc?*

■ Rédigez des phrases simples.

■ Préférez la voix active à la voix passive.

■ N'utilisez pas d'acronymes sauf si vous les avez expliqués au début du texte.

■ Adaptez le ton à votre lectorat et maintenez un ton cohérent.

■ Utilisez des expressions de temps absolues: par exemple «en mai 2014», plutôt que «le mois prochain».

Corrigés (Answers): www.hoddereducation.com/IBextras

4 La correspondance

Thème: Organisation sociale

La lettre de motivation (textes professionnels)

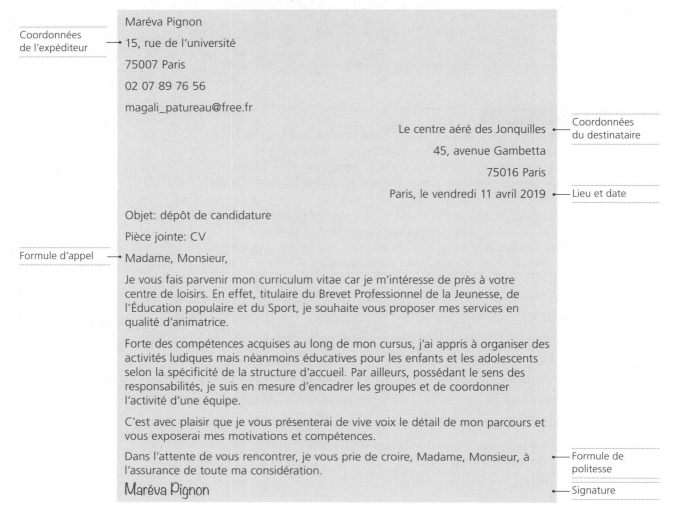

Coordonnées de l'expéditeur →

Maréva Pignon

15, rue de l'université

75007 Paris

02 07 89 76 56

magali_patureau@free.fr

Le centre aéré des Jonquilles ← Coordonnées du destinataire

45, avenue Gambetta

75016 Paris

Paris, le vendredi 11 avril 2019 ← Lieu et date

Objet: dépôt de candidature

Pièce jointe: CV

Formule d'appel → Madame, Monsieur,

Je vous fais parvenir mon curriculum vitae car je m'intéresse de près à votre centre de loisirs. En effet, titulaire du Brevet Professionnel de la Jeunesse, de l'Éducation populaire et du Sport, je souhaite vous proposer mes services en qualité d'animatrice.

Forte des compétences acquises au long de mon cursus, j'ai appris à organiser des activités ludiques mais néanmoins éducatives pour les enfants et les adolescents selon la spécificité de la structure d'accueil. Par ailleurs, possédant le sens des responsabilités, je suis en mesure d'encadrer les groupes et de coordonner l'activité d'une équipe.

C'est avec plaisir que je vous présenterai de vive voix le détail de mon parcours et vous exposerai mes motivations et compétences.

Dans l'attente de vous rencontrer, je vous prie de croire, Madame, Monsieur, à l'assurance de toute ma considération. ← Formule de politesse

Maréva Pignon ← Signature

Grammaire et structures

La structure **après avoir + participe passé** est très utile dans le contexte de la lettre de motivation. Par exemple: *après avoir travaillé comme… / après avoir étudié à… / après avoir été… / après avoir appris… / après avoir fait…*

■ **Bien écrire!**

■ Le corps de la **lettre de motivation** doit rester formel tout en répondant parfaitement à ce que vous savez de l'emploi visé. Ne mentez pas, mais n'insistez pas non plus sur les moments négatifs de votre carrière.

■ Voici des formules passe-partout qui peuvent être réutilisées dans tous les cas:
  - Madame la directrice
  - en espérant que ce courrier retiendra votre attention
  - je vous prie d'agréer, Madame, l'expression de mes respectueux hommages
  - veuillez croire à l'expression de mes sentiments les meilleurs
  - dans l'attente de votre réponse, je reste à votre disposition pour tous renseignements complémentaires

---

■ Activité écrite

En vous basant sur la lettre de motivation précédente, vous allez écrire une lettre (à Maréva Pignon) répondant positivement à sa candidature.

Éléments à considérer:

■ Décidez qui vous êtes quand vous écrivez.

■ Faites-lui des propositions précises: rendez-vous / lieu / heure / avec qui, etc.

■ Expressions à utiliser: *votre candidature a retenu toute notre attention*

  - *nous avons été favorablement frappé par…*

  - *vous semblez avoir le profil adéquat pour…*

La lettre amicale (textes personnels)

> Stéphane Mollet
>
> 120, ruelle du Lac
>
> CH-4052 Genève
>
> Verbier, le 28 janvier 2019
>
> Cher Stéphane,
>
> Enfin, j'ai le temps de t'écrire parce qu'il neige super fort dehors en ce moment. Hier, je suis montée avec mes skis sur un sommet de 3500 mètres! Il faisait un vent à décorner des vaches! Nous étions un groupe et nous avions un guide de montagne avec nous. Heureusement, parce qu'en route nous avons vu une avalanche passée tout près de nous. Tu peux t'imaginer ma trouille! Mais nous étions en sécurité, derrière un rocher. Le soir, après la descente, j'étais complètement crevée.
>
> Je serais très heureuse, si tu venais me voir pendant le week-end. Nous pourrions faire un tour à deux, ce serait trop cool!
>
> Je t'embrasse. À bientôt!
>
> Hélène

Grammaire et structures

■ Les **pronoms personnels**: *J'ai le temps de **t**'écrire.*

■ Les **phrases avec si**: *Je serais très heureuse **si** tu venais me voir* (ici **conditionnel, si + imparfait**)

■ Les **phrases exclamatives**: *Tu peux t'imaginer ma trouille!*

Corrigés (Answers): www.hoddereducation.com/IBextras

■ Bien écrire!

La **lettre amicale** doit rester présentée comme une lettre:

■ L'adresse n'est pas facultative mais il est toujours bon de faire voir qu'on sait où la mettre.

■ Le lieu et la date montrent à votre interlocuteur où vous êtes; écrivez une virgule après le lieu.

■ La formule d'appel comporte *cher / chère* ou *salut / bonjour*, etc.

■ La formule de politesse peut être: *à bientôt / je t'embrasse / bisous* (n'oubliez pas de changer les pronoms personnels selon les personnes).

■ La signature est celle de la personne que vous êtes quand vous écrivez!

■ Le registre de langue doit être consistant: vous pouvez utiliser le *tu* ou le *vous*; tout dépend à qui vous écrivez.

■ Vous pouvez inclure des expressions idiomatiques si nécessaire, puis du langage familier; dans la lettre précédente: *trouille* par exemple.

■ Activité écrite

Vous participez à un échange scolaire (choisissez le pays en question) et vous écrivez à vos parents au milieu du séjour pour leur faire part de votre expérience.

À considérer:

■ N'oubliez pas d'être familier – ce sont vos parents.

■ Incluez des détails personnels prouvant quel type d'expérience vous avez.

■ Parlez des gens qui vous reçoivent, de votre correspondant(e), de sa famille, etc.

■ Donnez votre opinion!

5 La brochure, le dépliant, le tract (textes des médias de masse)

Thème: Expériences

La brochure

GRANDES MARÉES AU MONT SAINT-MICHEL

POINTS FORTS

- Les grands travaux du Mont Saint-Michel
- Saint-Malo et les remparts
- Le passage par Honfleur

DATES: 29 mars au 1 avril   PRIX: 638 €

Un programme original et sympathique, qui remporte chaque année un très grand succès et qui permet de découvrir le Mont Saint-Michel et sa région à un moment privilégié.

29 MARS: L'ACCÈS

DÉPART DE RETHEL À 9H15, DE REIMS À 10H00

Trajet autoroutier par Saint-Quentin, Amiens: pause-déjeuner libre en cours de route. Continuation vers l'estuaire de la Seine, traversée du Pont de Normandie puis Caen, Avranches. Arrivée à Dinan en fin d'après-midi. Installation dans les chambres. Cocktail de bienvenue, présentation du séjour, dîner et logement.

30 MARS: LE MONT SAINT-MICHEL ET LA PÊCHE AUX COQUES

Départ pour le Mont Saint-Michel. C'est à cet endroit que les marées sont les plus fortes d'Europe. La mer se retire jusqu'à 15 kms des côtes. Déjeuner à l'hôtel. Unique!! Pêche aux coques à pied dans la baie de Lancieux. […] Retour par la cité médiévale de Dinan: ruelles pavées bordées de maisons à colombages, remparts qui ceinturent la ville, églises, couvents, jardins… Visite et temps libre. Dîner. Soirée animée.

31 MARS: SAINT-MALO ET LA BAIE DU MONT SAINT-MICHEL

Départ pour Saint-Malo. À l'heure de la haute mer et par grand vent, d'immenses vagues surgissent le long du rempart. Spectacle de la nature! Des fortifications se hérissent autour de ce vaisseau imprenable. Tour des remparts et temps libre dans la ville. Route vers la pointe du Grouin, d'où est donné, tous les 4 ans, le départ de la Course du Rhum, puis Cancale, petit port de pêche devenu capitale ostréicole. Déjeuner à l'hôtel. L'après-midi, embarquement à bord du train marin. Nous irons à quelques kilomètres du rivage découvrir les pêcheries et les bouchots. Une superbe promenade dans un endroit classé patrimoine mondial par l'Unesco. Retour à l'hôtel. Dîner et logement à l'hôtel.

Corrigés (Answers): www.hoddereducation.com/IBextras

1ER AVRIL: HONFLEUR ET LE RETOUR

Après le petit-déjeuner, route vers Honfleur, temps libre sur le vieux port et déjeuner à Honfleur ou environs proches. L'après-midi, retour direct.

ARRIVÉE À REIMS VERS 19H00, À RETHEL VERS 19H45

CE PRIX COMPREND:

● Le transport en autocar de grand tourisme
● Le logement en chambre double en hôtel**, en pension complète du dîner du 1er jour au déjeuner du dernier jour, boisson incluse (¼ vin + café le midi)
● La présence d'un accompagnateur sur place
● Les entrées, visites, animations prévues au programme
● L'assurance assistance-rapatriement

SUPPLÉMENTS ÉVENTUELS:

● Chambre individuelle: 115 €   ● Assurance annulation: 23 €

RENSEIGNEMENTS PRATIQUES:

● Le circuit étant basé sur la marée, les visites peuvent être inversées suivant les horaires de haute mer et de basse mer.

Pour réserver un voyage ou nous contacter, appelez le 03 24 38 12 34

D'après www.jacqueson.com

Grammaire et structures

■ **Phrases courtes et quelquefois sans verbes**: *déjeuner en plein-air / dîner à l'hôtel*

■ **Exclamations**: *spectacle de la nature!*

■ **Vocabulaire descriptif et persuasif**: *une superbe promenade dans un endroit classé patrimoine mondial par l'UNESCO*

■ Bien écrire!

La **brochure** et le **dépliant** sont équivalents dans leur démarche, mais la brochure a tendance à être plus longue. Pour bien écrire un document touristique:

▨ faites preuve d'imagination (pour l'examen)

▨ divisez votre document en sections

▨ utilisez un titre accrocheur, des sous-titres

▨ utilisez la ponctuation appropriée: points d'exclamation, point d'interrogation

▨ insérez des photos attirantes (pour l'examen, ne perdez pas de temps à dessiner mais indiquez que vous voulez une / des photo(s)

▨ utilisez le registre adéquat: *tu* ou *vous* selon la publication

▨ écrivez en caractères gras ce qui vous semble important

▨ donnez tous les renseignements nécessaires: numéro de téléphone, courriel, site internet, prix, durée, etc.

▨ Activité écrite

Vous allez choisir un site touristique qui vaut le coup (dans votre pays ou ailleurs). Faites quelques recherches si nécessaire pour confirmer certains faits, puis vous allez organiser un séjour de deux ou trois jours pour des touristes **adolescents**. Écrivez la brochure correspondante en utilisant correctement: la ponctuation, le registre approprié (pensez aux vacanciers dans ce cas précis), la sélection des activités, les descriptions persuasives, etc. Vous pouvez rajouter une ou deux photos.

Le tract

Un tract est un écrit similaire à un appel ou un guide, dans lequel le but est d'attirer l'attention et de convaincre. À l'origine, le tract est un écrit politique visant à faire adhérer à un parti. Plus généralement, maintenant, il encourage à réagir en donnant de l'argent, en achetant une souscription, etc.

Voici un extrait d'un tract sur l'environnement.

VILLECRESNE, QUEL ENVIRONNEMENT POUR DEMAIN?

«Villecresnes, la ville où il fait bon vivre» Ce slogan tant de fois mis en avant et si souvent répété aura-t-il encore un sens, dans les prochaines années? Pas si sûr…

QUEL AVENIR POUR LES ESPACES VERTS?

L'urbanisation de notre ville s'accélère de manière préoccupante. D'importants projets de constructions sont actuellement dans les cartons; projets qui conduiront à une atteinte des espaces naturels, indispensables à la biodiversité, si des mesures conservatoires sérieuses ne sont pas mises en œuvre. Les espaces naturels sont pourtant reconnus comme indispensables au développement durable. Il existe à Villecresnes, non seulement des couloirs naturels mais également des îlots de refuge pour la biodiversité. Ce maillage vert (tellement précieux) dont Villecresnes peut encore s'enorgueillir est mis aujourd'hui à mal par une urbanisation galopante qui souvent, hélas, ne tient pas compte de ces impératifs écologiques. Deux lotissements sont sortis de terre récemment: chemin d'Aubray et rue des Mardelles. N'est-il pas également question d'un projet de 300 logements? Ne parle-t-on pas d'un autre à proximité du Réveillon, pendant qu'un autre, encore, se ferait quartier de la gare, le long de la Coulée Verte?

«VIVRE À VILLECRESNES»

Association loi 1901 déclarée le 28 mars 1990 (J.O. du 27/04/1990)

Adresse: 21 bis rue Pasteur 94440 VILLECRESNES

courriel: vavillecresnes@free.fr

site: http://vavillecresnes.free.fr

membre du collectif «les Amis de la Forêt Notre-Dame»

Grammaire et structures

- Utilisation de **questions rhétoriques**: *n'est-il pas question…?*
- Utilisation de **ponctuation**: *pas si sûr…*
- Utilisation de **chiffres**: *300 logements*
- **Vocabulaire persuasif**: *préoccupante / une atteinte / sérieuses / indispensables / s'enorgueillir*

Activité écrite

Écrivez un tract (entre 250 et 400 mots) pour distribuer dans votre établissement scolaire, attirant l'attention sur le gaspillage dans l'école: papier, nourriture, électricité, etc. N'oubliez pas:

- de donner le but de votre action
- de donner des détails précis et ce qu'il faut faire
- de convaincre
- d'utiliser des questions rhétoriques et de la ponctuation appropriée

81

Corrigés (Answers): www.hoddereducation.com/IBextras

6 La publicité (textes des médias de masse)

Thème: Ingéniosité humaine

La marque

Jaune

Vous, vous aimez payer plus cher vos appels internationaux?

Le slogan sous forme de question rhétorique

Télécom Jaune
Nos options roaming ne sont pas surtaxées, elles.

Le graphique pour attirer l'attention

Profitez pleinement de votre séjour à l'étranger en choisissant parmi nos options internationales.

Informations

Informations précises

39,90 € mois   APPELS VERS ET DEPUIS L'ETRANGER ILLIMITES

telecomjaune.ch
— Appelez le —
12 34

Coordonnées de contact

Lorem ipsum dolor sit amet, consectetur adipiscing elit. Aliquam mi augue, congue vel congue at, faucibus in turpis. Integer dictum nunc eu sapien convallis in scelerisque eros pretium. Etiam sed erat in ante malesuada iaculis. Nulla facilisi. Ut lacus erat, auctor nec auctor id, feugiat sit amet dui. Fusce quis mi condimentum nunc vulputate mollis. Sed tincidunt, lorem sed porttitor fringilla, ligula dolor eleifend nunc, sit amet pharetra leo ligula sit amet sem. Morbi ligula dolor, tincidunt a lobortis sed, tincidunt vel odio. . Maecenas sollicitudin cursus risus, nec elementum nisl scelerisque a. Mauris non nisi non urna elementum porta. Donec sollicitudin diam et nisi venenatis bibendum. Quisque elementum elit a risus euismod adipiscing. Etiam fermentum sodales lacus, a rutrum augue rhoncus quis.

Fusce magna quam, pretium vel sagittis a, eleifend et nulla. Proin sed justo mauris. In hac habitasse platea dictumst. Praesent at orci id felis luctus viverra vel quis urna. Duis aliquam suscipit orci, ut ultrices ante convallis at. Aliquam id justo erat. Aenean pretium porta rhoncus. Vestibulum ante ipsum primis in faucibus orci luctus et ultrices posuere cubilia Curae; Integer vitae felis lacus, sit amet facilisis magna. Donec ante quam, iaculis et auctor sit amet, auctor ut nisl. Curabitur vel ullamcorper nibh. Mauris pharetra neque sed turpis facilisis viverra.

Grammaire et structures

- Les **noms**: *service / problème / réponse / assistance / questions / communication*, etc.
- Les **pronoms sujets accentués** pour montrer l'importance: *vous / elle*
- Les **adjectifs efficaces** en marketing: *normal / surtaxée*

■ Bien écrire!

Le but d'une **publicité** est d'informer le public (campagnes d'informations) ou de vendre un produit (publicité commerciale). Vu la grande concurrence de nos jours, il est important d'intéresser le public rapidement. Pour faire une bonne publicité, vous devrez considérer les points suivants.

- Le visuel doit occuper au moins 50% de l'espace. Le visuel quand il est bien utilisé est plus efficace que les mots. Si vous avez un logo, il doit être clair et bien visible.
- Une photo est plus efficace qu'un dessin, qui paraît moins crédible.
- Le titre doit être limité à à peu près sept mots pour que le message soit bien compris et doit inclure des adjectifs chocs comme: *économique* par exemple.
- Utilisez des sous-titres pour simplifier la lecture.
- Utilisez des chiffres pour convaincre mais justifiez-les.
- Attention au choix des couleurs.

Activité écrite

Vous allez produire une publicité pour un des produits suivants.

- Des cours: par exemple de français pour étrangers, de cuisine, de yoga, etc.
- Un service spécialisé: par exemple de traduction, de garde d'enfants, etc.
- Une vente d'objets: neufs ou usagés par exemple.

Utilisez correctement les points précédents concernant les structures grammaticales mais aussi les conseils d'écriture.

Points à considérer:

- Trouvez un slogan pour accrocher le public.
- Appuyez votre message avec une photo.
- Faites une offre attrayante et expliquez pourquoi elle est différente.
- N'oubliez pas les coordonnées de contact.

7 L'entretien (interview) (textes des médias de masse)

Thème: Les expressions artistiques

10 questions à... Marc Levy - L'interview du Blog des livres — Titre

J'ai la joie de vous offrir cette nouvelle rubrique, intitulée «10 questions à...». Le plus souvent possible, je vous proposerai des interviews d'écrivains dont les livres figurent sur le blog. S'ils n'ont pas le temps, une rubrique «light», intitulée «3 questions à...» fera l'affaire! Pour ce premier numéro, j'ai contacté 10 écrivains. L'un d'entre eux a gentiment répondu, et non des moindres. Qu'on soit fan ou non, Marc Levy, dont nous avons aimé le dernier roman Les enfants de la liberté, prouve qu'on peut être une star et garder une réelle humilité. Je lui laisse la parole. — Brève introduction

Votre dernier roman a pour thème la résistance. Avez-vous voulu faire passer un message, réveiller les consciences, ou simplement raconter une histoire comme une autre? — Questions

Je ne me considère pas comme quelqu'un de suffisamment important pour faire passer des messages. Au travers de ce roman j'ai voulu raconter une histoire, mettre dans la lumière du récit des personnages qui portent en eux des valeurs que j'admire et qui me sont chères. La liberté de chaque lecteur est de s'approprier ou pas, telle ou telle phrase d'un des personnages. Quant à moi, j'aime mieux rester dans l'humilité de l'univers de la question partagée.

Avant la sortie des «Enfants de la liberté», qui traite d'un thème plus grave que vos autres romans, aviez-vous peur de la réaction de vos lecteurs? Ces réactions sont-elles positives?

Bien sûr que j'ai le trac. Je sais que des lecteurs me font confiance et je travaille beaucoup pour mériter cette confiance. Je suis très ému des réactions et commentaires que les lecteurs m'adressent.

Quand écrivez-vous? Avez-vous un «rituel d'écriture», des horaires?

Plutôt de l'automne au début du printemps, encore plus en hiver, plutôt le soir et surtout la nuit, mais je n'ai aucun rituel.

Que représente l'écriture pour vous?

Une formidable liberté, un grand bonheur, une légèreté.

Vous disiez récemment : «Je suis un artisan». Qu'est-ce que cela signifie pour vous? — Dernière question pour ouvrir la discussion

Le respect de l'outil qui vous domine, le bonheur de le retrouver dans l'atelier, l'envie de faire son travail sérieusement sans jamais se prendre au sérieux soi-même. L'envie d'apprendre à chaque fois, la conscience que mon travail est bourré d'erreurs mais que de livre en livre j'apprends. Et puis une façon aussi de ne pas s'attribuer de titre, c'est aux gens qui me lisent de décider si je suis un écrivain, pas à moi de m'attribuer un titre.

Êtes-vous sensible à la critique littéraire? Que pensez-vous du traitement qu'elle vous réserve généralement?

Je respecte la critique, bonne ou mauvaise, quand elle est élégante, quand elle se limite à critiquer le travail. Certaines critiques sont haineuses, et me donnent beaucoup plus d'importance que je ne m'en accorderai jamais, celles-ci me font sourire.

Qu'éprouvez-vous avant la sortie d'un roman? Crainte, réjouissance? Et après?

Trac, crainte, flaque, baby blues, joie, timidité, et après, le bonheur de repartir dans l'atelier pour en écrire un autre.

À quoi attribuez-vous votre succès?

À la chance, et je m'efforce de la mériter. Pour tout vous dire, je ne perds aucune seconde à me regarder moi-même. Je sais que j'ai une chance inouïe, je sais que si mes livres sont depuis sept ans numéro un des ventes, cela ne veut pas dire qu'ils sont les meilleurs. Le fait de le savoir ne m'empêche pas pour autant de profiter de cet immense bonheur car c'en est un et cela me pousse chaque année à travailler plus encore pour mériter un peu de cette chance qui m'est offerte. Je vais le plus souvent possible dans des librairies à la rencontre des lecteurs, car je sais aussi que cette chance, je la dois uniquement aux libraires et aux lecteurs.

Entre votre premier roman «Et si c'était vrai?» et «Les enfants de la liberté», sentez-vous une évolution? Écrivez-vous différemment?

En sept romans, j'espère que vous, vous la sentez, et en même temps pour être sincère, j'écris sans me poser de questions, sans vouloir me donner un genre. J'apprends en utilisant mon outil.

Quel(s) conseil(s) donneriez-vous à nos lecteurs rêvant de devenir écrivain?

De ne pas penser à être publié en se mettant à l'ouvrage mais d'abord et avant tout à prendre du plaisir à écrire, à y trouver cette liberté magique que ni le paraître, ni la reconnaissance ne doit aliéner.

D'après https://www.leblogdeslivres.com/index.php/post/2007/07/18/135-10-questions-a-marc-levy-l-interview-du-blog-des-livres

Grammaire et structures

- **Phrases subordonnées**: des valeurs que j'admire, des personnages qui portent

- Le **conditionnel**: utilisé pour donner des conseils, par exemple: *donneriez-vous*

- Poser des **questions**: il existe différentes façons de poser des questions en français: utilisation de mots interrogatifs, point d'interrogation à la find'une affirmation, inversion du sujet et du pronom (registre un peu plus formel)

■ Bien écrire!

L'**entretien** est la forme écrite d'une session de questions–réponses entre deux personnes: le / la journaliste et la personne interviewée.

- Les questions dépendront de la personne interviewée. Les questions doivent avoir un but et aller plus loin que des questions personnelles.
- Le registre de langue sera déterminé par le type d'entretien. L'important est de rester consistant.
- L'entretien doit être mené de façon logique et structurée.
- La ponctuation doit être utilisée pour refléter les émotions de la personne interviewée.
- Utilisez une variété de structures grammaticales et n'oubliez pas de vous entraîner à poser des questions!

■ Activité écrite

Un(e) ancien(ne) élève de votre lycée est devenu(e) un acteur / une actrice célèbre et revient visiter son ancienne école. Le directeur / la directrice vous a chargé de mener un entretien avec lui / elle. Vous écrirez l'entretien (entre 250 et 400 mots) dans lequel vous utiliserez le plus de structures grammaticales possibles (conditionnel, participes passés, questions bien construites et pertinentes).

À considérer:

- Inventez des détails sur la carrière de l'acteur / actrice.
- Insérez une petite introduction.
- Pensez aux demandes de la profession.
- Soyez courtois(e) mais peut-être pas trop formel(le).
- Développez votre entretien de façon logique.

8 La dissertation (textes professionnels)

Le guide IB de langue B offre la «dissertation» comme type de texte.

Thème: Partage de la planète

L'euthanasie: à légaliser ou non?

Force est de constater que le thème de l'euthanasie ou du suicide assisté a fait couler beaucoup d'encre ces dernières années. **Toutefois** c'est un thème qui ne fait évidemment pas l'unanimité, tant l'aspect émotionnel qui s'y rattache est important. — Présentation du problème

Il conviendrait cependant de se demander quels en sont les avantages et les inconvénients afin de parvenir à une conclusion en ayant soupesé tous les arguments en présence. — Présentation du plan

On pourrait **tout d'abord** considérer que le patient est maître de son corps et de son esprit et que donc la décision finale, quant à sa fin de vie, lui revient en premier lieu. **Ajoutons que** le choix de la mort ainsi que la dignité sont de prime importance pour le patient. **Comment nier que** l'euthanasie ne représente pas uniquement la fin de la vie, mais la fin de la souffrance. **Il est important de souligner que** trop souvent les patients se sentent ignorer par le corps médical, qui fait de son mieux, pourtant qui ne peut aider que jusqu'à un certain point. **Il est donc primordial que** le choix revienne au patient en raison de la maxime: «mon corps, mon choix». **Quant à** la légalisation de cette pratique, elle ne signifie en aucun cas le droit de tuer pour un médecin, mais bel et bien le droit de choisir pour un être humain. — Arguments en faveur

Personne ne conteste plus le fait que l'être humain a son libre arbitre et donc son droit à décider ce qu'il y a de mieux pour lui. Il faudrait **cependant** explorer les arguments inverses pour juger de leur valeur. — Paragraphe charnière et introduction du paragraphe suivant

On aurait tort de nier que les débordements ou les erreurs quant à l'euthanasie active seraient très difficile à contrôler, sans parler du risque d'eugénisme. **De plus**, il semble qu'un patient n'est pas toujours en mesure de choisir pour lui-même (à moins d'avoir fait un choix écrit préalable), donc que **dirait-on** de la pression de la famille ou de la société à libérer une place d'hôpital? **Il faut ajouter que** beaucoup de médecins jugent l'euthanasie inutile, vu les progrès faits en matière de tranquillisants et d'antidouleurs. **À ceci, il faut également ajouter** le fait que dans de nombreuses religions le suicide est interdit (l'euthanasie étant assimilée à un suicide); la vie donnée aux humains n'étant pas personnelle mais un don. **Enfin pour finir**, l'euthanasie peut être vue comme un échec de la société face à la maladie. **S'il est évident que** la médecine et la science font d'énormes progrès régulièrement, l'être humain de nos jours se sent toujours abandonné quand il fait face à la douleur qui accompagne souvent une maladie incurable. — Arguments contre

Comme nous venons de le voir, les arguments en faveur et contre l'euthanasie ne sont pas seulement opposés, certains de leurs aspects peuvent être vus comme complémentaires. Dans ce climat très chargé émotionnellement, il n'est pas aisé de se faire une idée. **Pour moi**, le mot «choix» est clé; l'important est d'avoir l'opportunité de choisir. Une légalisation ne serait donc pas uniquement vue comme donnant une liberté de plus, à utiliser ou non, mais rassurerait certains patients de savoir que l'option légale est en place. — Conclusion et réponse personnelle à la question du titre

---

Grammaire et structures

- Les **phrases conditionnelles** (pour atténuer une certitude ou introduire poliment un fait non-vérifié): *on pourrait / rassurerait / il conviendrait*
- Les **tournures impersonnelles**: *il conviendrait de + inf. / s'il est évident que / il est important de + inf. / il faudrait + inf.*
- Les mots ou expressions **de liaison**: *cependant / toutefois / tout d'abord / quant à / enfin / pour finir / pour conclure / en conclusion*
- Les **impératifs**: *considérons / ajoutons*

■ Bien écrire!

Une bonne **dissertation** est équivalente à une bonne structure.

■ Dans l'introduction, vous présentez le thème général, la problématique du titre ainsi que le plan.

■ Divisez vos arguments en paragraphes – deux par exemple si c'est pour ou contre – mais autant que vous voulez. Laissez une ligne entre chaque paragraphe, pour assurer la clarté.

■ Dans la conclusion, vous pouvez résumer vos idées principales mais aussi donner votre **opinion**.

■ N'utilisez pas de registre familier.

■ Utilisez une variété de temps, d'expressions utiles à l'articulation des arguments.

■ Faites attention à l'orthographe!

■ Activité écrite

Écrivez une dissertation sur le sujet: «la vivisection est cruelle, inutile et ne devrait pas exister». Écrivez 400 mots au maximum.

À considérer:

■ Définissez la vivisection.

■ Dites à quoi elle sert.

■ Regardez bien le titre et utilisez les deux pistes principales données: *cruauté, utilité*.

■ Donnez des chiffres (cherchez si nécessaire) pour justifier vos arguments.

■ Répondez à la «question»: exister ou non et pour quelles raisons?

■ Utilisez une variété de structures grammaticales et de vocabulaire.

9 Le compte-rendu et le rapport officiel (textes professionnels)

Thème: Ingéniosité humaine

Le compte-rendu

Visite au musée de la BD à Bruxelles, Belgique par Loïc Livi

Le mois dernier, un groupe de lycéens de la classe de Terminale de Mme Durec (arts plastiques) a fait le voyage jusqu'à Bruxelles pour visiter le musée de la BD dans le cadre de leur projet: «BD Europe».

Avant la visite:

Les élèves se sont documentés sur le principe de la BD belge francophone: les auteurs, le vocabulaire spécifique, les personnages principaux.

Le voyage:

Le voyage s'est déroulé en Thalys jusqu'à la gare du midi de Bruxelles. Cela prend seulement 2 heures pour effectuer le voyage de Paris. Ensuite, le groupe a pris le métro pour se rendre dans le centre-ville. Une collation a été prise sur la Grand Place en attendant l'heure de la visite.

La visite:

En arrivant dans le hall du musée, les élèves ont été surpris de voir la fusée utilisée dans les albums de Tintin, ainsi que la voiture de Boule et Bill. La visite s'est déroulée chronologiquement, les salles du musée étant organisées dans l'ordre d'apparition des personnages. Le groupe a beaucoup apprécié les maquettes montrant la façon d'organiser le story-board d'un album mais aussi les explications données par les auteurs eux-mêmes.

Le succès de la visite est évident. Les élèves sont repartis plein d'idées pour leur projet, qu'ils ont commencé à mettre en application (tellement ils étaient motivés) dans le train sur le chemin du retour.

Grammaire et structures

- Phrases **sobres**, **concises** et **informatives**
- Détails **précis**: *2 heures de voyage en train*
- **Passé composé** et autres temps du **passé**: *se sont documentés / a pris / s'est déroulée*
- Voix **passive**: *les élèves ont été surpris / une collation a été prise*

■ Bien écrire!

Le **compte-rendu** est le résumé d'un événement passé. C'est un rapport informatif et donc objectif et précis. Vous pouvez donner des exemples pour justifier ce dont vous parlez.

- C'est un récit au passé en grande majorité.
- Il doit être structuré soit chronologiquement ou de façon thématique.
- Donnez un titre à votre écrit, une introduction puis une conclusion.

Activité écrite

Vous avez fait partie d'un groupe de jeunes de votre école et venez de rentrer d'Afrique où vous avez travaillé sur un projet humanitaire. Le but du projet était d'améliorer les installations sanitaires dans les villages reculés. À votre retour, on vous a chargé d'écrire un compte-rendu.

À considérer:

- Donnez un titre, indiquez la date puis l'auteur du compte-rendu.
- Écrivez une introduction pour mettre l'événement en contexte.
- Détaillez le compte-rendu de façon chronologique ou thématique.
- Écrivez une conclusion pour évaluer le succès (ou non) de l'événement.

Le rapport officiel

Rapport rédigé par: Judith Perrault – directrice du sport à Notre-Dame

Rapport demandé par: Jean-Marie Buffet – directeur de l'établissement scolaire Notre-Dame

Date: observations effectuées entre le 1er mai et le 31 mai

Titre: la place du sport dans notre établissement scolaire

Le rapport suivant a été motivé en vue d'une amélioration de la place du sport à l'école. Il montre la situation actuelle et propose des solutions pour l'avenir.

Situation actuelle: pour le moment, la plupart des élèves font du sport au sein de l'école et dans le cadre de leurs études. Certains ont plus d'heures que d'autres, ce qui sera exploré dans les propositions. J'ai aussi analysé les types de sport proposés (voir pièces jointes).

Le sport n'est pas une matière obligatoire pour le moment en Terminale à cause de l'emploi du temps trop chargé. De plus, il est apparent que peu de jeunes de cet âge font du sport à l'extérieur (par manque de temps probablement).

L'utilisation des infrastructures dédiées au sport dans notre établissement a été analysée aussi (voir pièces jointes).

Propositions pour l'avenir: pour réduire les différences existantes quant à la place du sport dans l'emploi du temps, nous pourrions réviser les emplois du temps et organiser des carrousels de certaines matières.

Les types de sport proposés paraissent trop peu variés et ne permettent pas l'occupation maximum de nos infrastructures. Il faudrait proposer aux élèves, comme faisant partie de leur curriculum de base, plus de sports individuels, ce qui permettrait à chacun de réaliser son potentiel.

La situation des élèves de Terminale est plus alarmante. Nous devrions absolument offrir du sport dans leurs études, sinon cela irait à l'encontre de la recommandation sanitaire de base. Pour ce faire, il serait important de réduire le nombre de leçons de certaines matières.

Je finirais avec l'analyse de l'occupation de nos locaux sportifs. Ceux-ci devraient être pleinement occupés, à tout moment. C'est pourquoi, je proposerais que nos élèves les occupent en tout premier lieu, puis que nous les louions à la communauté pour assurer une rentabilité.

Voilà, Monsieur le directeur, le résultat de mes recherches. J'espère que vous prendrez le temps de considérer ces analyses. Je me tiens à votre entière disposition pour plus de renseignements si vous le désirez.

Judith Perrault

Pièces jointes: analyse graphique des types de sport dans notre établissement / tableau d'occupation de nos infrastructures sportives

- **Pronoms personnels**: *je / nous*
- **Conditionnel**: *je finirais / je proposerais*
- **Registre soutenu et respectueux**: *je me tiens à votre entière disposition /
Monsieur le directeur*

■ Bien écrire!

Le **rapport** est un document d'étude sur un sujet déterminé, soit motivé par un supérieur hiérarchique afin de prendre une décision, soit à l'initiative d'un employé pour attirer l'attention sur un problème par exemple.

- La présentation est libre, mais les éléments suivants doivent y figurer:
    - émetteur
    - destinataire
    - date
    - titre
    - pièce jointe
    - formule de politesse.

- Le plan pourrait être le suivant:
    - introduction (rappelle précisément la demande et annonce le plan
    - exposé (constat objectif de la situation)
    - conclusion (propose des solutions).

Activité écrite

Vous travaillez dans un établissement scolaire et votre supérieur hiérarchique vous a demandé de dresser un rapport quant à la place des langues vivantes dans le curriculum.

Servez-vous du document donné en exemple et réfléchissez bien à des solutions.

10 La critique (de film / de livre) (textes des médias de masse)

Thème: Ingéniosité humaine

Le titre de la publication

Le nom de l'auteure de la critique

Le titre du film et le nom du réalisateur

"Cherchez Hortense" (Pascal Bonitzer): *critiques*

La critique de *Première*

● **Isabelle Danel**
Ce sujet dans l'air du temps est prétexte à une tragicomédie sur les rapports humains. Dès les premières minutes – un échange amoureux peu convaincant entre deux comédiens sur scène –, on sait qu'il sera question du sentiment sous toutes ses formes. Et que les apparences trompeuses seront au centre de ce sixième long métrage du réalisateur de Rien sur Robert. «J'ai des rapports simples avec personne, et surtout pas avec mon père…» Cette réplique semble taillée sur mesure pour Jean-Pierre Bacri, qui s'en empare avec délice. Comme il empoigne le rôle de Damien, homme sans qualités, mari banal, sans doute bon professeur (de civilisation chinoise), qui se réveille aux côtés d'une inconnue férue de ses travaux sur… le sourire! Autour de lui, de Claude Rich à Isabelle Carré, les acteurs se régalent. Sous des dehors intellos et bavards, «Cherchez Hortense» cache, comme ses personnages, un réjouissant jeu de piste.

Les autres avis de la presse

● **Public** (La rédaction de Public)
L'éternel grincheux du cinéma français [Jean-Pierre Bacri] entouré d'acteurs au diapason, trouve un rôle taillé sur mesure et joue avec subtilité un quinqua névrosé.

● **Voici** (Ariane Valadié)
Jean-Pierre Bacri, toujours impeccable à fleur de peau […] À cette direction d'acteurs hors pair s'ajoute, comme souvent chez Bonitzer, une finesse d'écriture imparable.

● **Nouvel Obs** (Marie-Elisabeth Rouchy)
Le scénario est une merveille, les dialogues sont épatants et la distribution, aux petits oignons. Entouré, entre autres, de Claude Rich, irrésistible en père indigne, d'Isabelle Carré, épatante en immigrée serbe, et de Jackie Berroyer, dostoïevskien en diable, Jean-Pierre Bacri trouve là un de ses plus beaux rôles.

● **L'Express** (Christophe Carrière)
Un programme chargé, pourtant plein de légèreté, porté par un Jean-Pierre Bacri truculent de bougonnerie, émouvant et profond en cocu blessé ou en chevalier impuissant. Un festival à lui tout seul.

D'après www.premiere.fr

Grammaire et structures

■ Les **adjectifs** (vocabulaire de la description): *convaincant / trompeuses / simples*, etc.

■ Les **pronoms relatifs**: *qui s'en empare / qui se réveille*

■ Les **verbes**: *s'ajoute / trouve / porté*, etc.

■ Bien écrire!

La **critique** de film ou de livre peut prendre différentes formes: l'essentiel est de bien identifier le lectorat visé et de s'adapter.

- Utilisez du vocabulaire spécifique lié aux films ou aux livres.

- Parlez des personnages, de l'histoire, des effets spéciaux, de la musique, du type d'écriture, etc.

- Mentionnez les acteurs, le réalisateur, l'auteur(e).

- Exprimez votre avis sur différents aspects du film / livre.

- Essayez de choisir un film / livre francophone (surtout si vous étudiez au niveau supérieur).

- Si vous écrivez une critique d'un film qui est l'adaptation d'un livre, faites des références au livre.

■ Activité écrite

Vous avez lu un livre / vu un film qui vous a particulièrement plu. Écrivez la critique de ce livre / film en dégageant les points positifs et négatifs et en donnant votre opinion. N'oubliez pas d'utiliser des adjectifs variés afin de bien décrire.

À considérer:

- Mentionnez l'auteur / le réalisateur.
- Donnez un bref résumé de l'histoire.
- Donnez des exemples spécifiques et justifiez-les.
- Donnez votre opinion.

11 Niveau supérieur: l'expression littéraire

Thème: Organisation sociale

La poésie

Je fais souvent ce rêve étrange et pénétrant

D'une femme inconnue, et que j'aime, et qui m'aime

Et qui n'est, chaque fois, ni tout à fait la même

Ni tout à fait une autre, et m'aime et me comprend.

Car elle me comprend, et mon cœur, transparent

Pour elle seule, hélas! cesse d'être un problème

Pour elle seule, et les moiteurs de mon front blême

Elle seule les sait rafraîchir, en pleurant.

Est-elle brune, blonde ou rousse? – Je l'ignore.

Son nom? Je me souviens qu'il est doux et sonore

Comme ceux des aimés que la Vie exila.

Son regard est pareil au regard des statues,

Et, pour sa voix, lointaine et calme, et grave, elle a

L'inflexion des voix chères qui se sont tues.

Paul Verlaine, «Mon rêve familier» (*Poèmes saturniens*), 1866

Grammaire et structures

- Utilisation des **adjectifs**: *étrange / pénétrant / inconnue / transparent*, etc.
- Les **répétitions**: *ni... ni... / et... et... / qui... qui*
- **Inversions**: par exemple sujet–pronom (pour poser une question): *est–elle* / verbe–pronom: *les sait*

■ Bien écrire!

Le type de **poésie** présenté ici est écrit en rimes (abba – abba – ccd – ede): mais cela n'est pas toujours le cas. L'essentiel est de créer des images nouvelles, insolites en associant des idées, des mots de façon différente.

- **Métaphore**: consiste à modifier le sens à un mot en lui attribuant une signification par comparaison
- **Alexandrin**: vers qui compte 12 syllabes
- **Allitération**: répétition d'une ou plusieurs consonnes à l'intérieur d'un vers
- **Assonance**: répétition d'une ou plusieurs voyelles à l'intérieur d'un vers
- **Sonnet**: forme de poésie contenant deux quatrains (quatre vers) et deux tercets (trois vers)

Activité écrite

Vous allez maintenant écrire un poème dans le style de celui de Verlaine. Choisissez d'abord un thème, puis recherchez du vocabulaire autour du thème: des adjectifs, des noms, des verbes (bon exercice pour les mots-famille).

À considérer:

■ Écrivez en rimes si vous voulez (pas obligatoire).

■ Faites des associations d'idées, de mots, etc.

■ Essayez d'écrire un sonnet.

Le conte

L'âne et le renard (Algérie)

Un jour, la fermière dépêcha l'âne pour porter deux agneaux jusqu'au pâturage sur la colline où les bergers les attendaient. Sachant que Renard Dhib serait aux aguets, la fermière multiplia les recommandations et l'âne promit d'être prudent. Justement, il trouva sur son chemin Dhib le rusé, étalé sur le dos et gémissant: «Aïe! Aïe!»

L'âne, généreux et pacifique, lui demanda:

– Que t'arrive-t-il?

– J'ai la patte brisée! Aïe! Pitié, porte-moi!

– Impossible! Je transporte des agneaux et je sais que c'est là ton repas préféré.

– Je te promets de ne pas y toucher mais ne me laisse pas ainsi à la merci des bergers.

L'âne eut finalement pitié et l'invita à grimper sur son dos. À peine quelques mètres, et Dhib dévora le premier agneau. Il jeta ses os au loin. Le bruit attira l'attention de l'âne qui s'en inquiéta:

– Mais? Qu'est-ce que j'entends là?

– Ce n'est rien! Ce n'est rien! Ce sont les bergers qui se lancent des cailloux d'une colline à une autre.

Puis il dévora le deuxième agneau et jeta ses os.

– Mais? Quel est donc ce bruit?

– Ce n'est rien te dis-je! Ce sont les bergers qui se lancent des cailloux d'une colline à une autre, continua le traitre avant de bondir d'un coup et de détaler dans la campagne.

Pauvre âne! Il comprit trop tard qu'il venait d'être dupé et dut affronter les bergers qui l'attendaient. Mécontents d'avoir perdu deux agneaux, ces derniers le rouèrent de coups. Et à chaque coup, l'âne jurait de se venger.

Le temps passa et l'hiver s'annonça particulièrement rude. La nourriture se raréfia et les animaux avaient faim. L'âne qui n'avait oublié ni la duperie, ni la bastonnade des bergers, un jour de grande disette et de grand gel, s'étala et fit le mort devant la porte du renard. En sortant la première, la renarde le découvrit. Elle revint vite sur ses pas et réveilla son mari:

– Lève-toi, le ciel nous comble. L'âne est mort devant notre porte.

Dhib sauta de son lit et se pourlécha les babines:

– Quelle manne! De la viande fraîche! Ma femme, vraiment tu ne m'annonces que de bonnes nouvelles! Tu es mon porte bonheur. Mais comment l'introduire dans la maison pour le découper?

L'idée surgit de l'esprit de la renarde:

– Je vais attacher ta queue à la sienne et tu n'auras plus qu'à le tirer tout doucement.

Le renard acquiesça. Mais une fois les deux queues bien liées ensemble, contre toute attente, l'âne se releva d'un bon et fila à toute vitesse emportant son ennemi derrière lui. Trainé sur le sol gelé et caillouteux Dhib hurlait, implorait le pardon mais l'âne continua sa course. Il le promena longtemps afin que chacun puisse en rire. Puis il l'abandonna écorché vif sur le chemin tout en lui lançant:

– N'oublie jamais: L'âne est endurant, mais il ne peut supporter plus que de raison!

Grammaire et structures

- Le **passé simple**: il est utilisé, dans la littérature, pour les mêmes raisons que le passé composé: *dépêcha l'âne / la fermière multiplia*
- Les **connecteurs logiques**: *justement / finalement*, etc.
- Le **vocabulaire spécifique du conte**: *un jour / il était une fois*
- Une **morale**: «*L'âne est endurant, mais il ne peut supporter plus que de raison!*»

■ Bien écrire!

Écrire un **conte** nécessite de l'imagination et de la créativité. Voici une idée d'une structure à respecter:

- L'introduction: présentation des personnages et de la situation
- L'histoire
- Le dénouement: généralement accompagné d'une morale

Activité écrite

Vous allez écrire un conte contenant des animaux (comme celui proposé ici). Choisissez d'abord vos animaux – pensez à leurs qualités, leurs défauts. Pensez à une morale (selon leurs qualités et leurs défauts), puis développez une histoire à partir de là.

À considérer:

- les personnages
- l'histoire
- le lieu
- la morale

Corrigés (Answers): www.hoddereducation.com/IBextras

The author

Lauren Léchelle is an experienced writer, examiner and teacher. She has used her broad experience to create a course that steadily builds students' confidence and language skills and thoroughly prepares them for the IB assessments.

The publishers would like to thank the following for permission to reproduce copyright material:

Photos **p. 72** © nedomacki/stock.adobe.com; **p. 79** © Beboy/stock.adobe.com

pp. 74–75 Extract from Genre: l'école catho sort du bois. Reprinted with permission of Sorbonne Universités; **pp. 79–80** Extract from Grandes Marées au mont saint-michel (www.jacqueson.com); **p. 84** Extract from 7 L'entretien (interview) - textes professionnels Thème: Les expressions artistiques. Reproduced with permission of Bernard Demonty; **p. 91** Extract from "Cherchez Hortense" (Pascal Bonitzer). Reproduced with permission of Première.

Every effort has been made to trace all copyright holders, but if any have been inadvertently overlooked the Publishers will be pleased to make the necessary arrangements at the first opportunity.

Although every effort has been made to ensure that website addresses are correct at time of going to press, Hodder Education cannot be held responsible for the content of any website mentioned in this book. It is sometimes possible to find a relocated web page by typing in the address of the home page for a website in the URL window of your browser.

Hachette UK's policy is to use papers that are natural, renewable and recyclable products and made from wood grown in well-managed forests and other controlled sources. The logging and manufacturing processes are expected to conform to the environmental regulations of the country of origin.

Orders: please contact Hachette UK Distribution, Hely Hutchinson Centre, Milton Road, Didcot, Oxfordshire, OX11 7HH. Telephone: +44 (0)1235 827827. Email education@hachette.co.uk Lines are open from 9 a.m. to 5 p.m., Monday to Friday. You can also order through our website: www.hoddereducation.com

© Lauren Léchelle 2018

First published in 2014
This edition published in 2018 by
Hodder Education,
An Hachette UK company
Carmelite House
50 Victoria Embankment
London EC4Y 0DZ

Impression number   8

Year   2024

Cover photo © adisa - stock.adobe.com

Typeset by Integra Software Services Pvt. Ltd., Pondicherry, India

Artwork by Barking Dog Art

Printed and bound in the UK

A catalogue record for this title is available from the British Library.

ISBN 978 1510 447615

HODDER EDUCATION
e: education@hachette.co.uk
w: hoddereducation.com

WORLD
LAND
TRUST™

www.carbonbalancedprint.com
CBP2250

ISBN 978-1-5104-4761-5

9 781510 447615

MIX
Paper | Supporting
responsible forestry
FSC™ C104740